OSTSEEBAD
Glücksburg
1902

NORDSEE BÄDER
SYLT
1902

KOSTENLOS
1904
NORDSEEBAD
HELGOLAND
Sommer-

NORDSEE
Sylt
WORT UND BILD
DSEEBÄDER
DER INSEL SYLT
-Strandbäder
LEIPZIG
50

OSTSEEBAD
DAHME
IN HOLSTEIN
HERAUSGEGEBEN VON DER BADEVERWALTUNG

Kommt ins
Ostseebad Burg
Insel Fehmarn

Unseren Freunden und Förderern

PROVINZIAL

Provinzial Brandkasse
Versicherungsanstalt
Schleswig-Holstein

Provinzial Leben
Versicherungsanstalt
Schleswig-Holstein

KLEINE SCHLESWIG-HOLSTEIN-BÜCHER · BAND 44

Herausgegeben von den
Provinzial-Versicherungen, Kiel

Wissenschaftlicher Betreuer: Prof. Dr. Dieter Lohmeier

ISBN 3-8042-0636-0

Herstellung: Westholsteinische Verlagsdruckerei Boyens & Co., Heide in Holstein
Printed in Germany

Badeleben an Nord- und Ostsee

Kleine Kulturgeschichte der Sommerfrische

Von Jutta Kürtz

Westholsteinische Verlagsanstalt
Boyens & Co., Heide

INHALT

ad 1357

Allgemeine Baderegeln.

1) Man muß nie bald nach Tische und mit vollem Magen baden. Die beste Zeit ist Vormittags, nach Beschaffenheit der Witterung, von 8 oder 9 Uhr bis eine Stunde vor Tische. Man kann aber auch von 3 Stunden nach Tische bis Abends 6—7 Uhr baden.

2) Sich durch irgend eine Ursache erhitzt oder vollends im Schweiße zu baden, kann die gefährlichsten Folgen haben.

3) Unmittelbar nach einer irgend heftigen Gemüthsbewegung muß man sich niemahls baden.

4) Eine gelinde Bewegung, wovon das Blut **nicht** in Wallung gebracht worden, ist **vor** dem Bade nützlich.

5) Auch **im** Bade erhält man sich immer in einiger Bewegung durch Untertauchen, Rührung der Arme ꝛc.

6) **Nach** dem Bade setzt man sich abermahls in Bewegung durch Gehen, Reiten. In gänzliche Ruhe muß man sich nie gleich nach dem Bade begeben, wenn nicht besondere Umstände dies anders rathen.

7) Je froher und furchtfreyer man ins Bad steigt, desto besser.

8) Man muß nicht mit zu langsamen Schritten ins Wasser steigen, sich doch auch nicht zu plötzlich ins Wasser stürzen. In zwey, drey kurzen Absätzen tauche man sich bis an den Hals ins Wasser, und dann auch wohl den Kopf, indeß man mit den Händen stets in Bewegung ist, sich auch die Haut damit reibt, überall wo man beykommen kann.

9) Wer etwas vollblütig ist, und wem das Blut leicht zum Kopfe dringt, muß sich den Kopf vorher mit Wasser übergießen oder waschen, oder auch denselben zuerst einmahl untertauchen.

10) Beym Baden zum erstenmahle ist zu rathen, sich nur einmahl oder ein Paarmahl geschwind unterzutauchen, sich dann schnell, unter fleißigem Reiben des ganzen Körpers, abzutrocknen, und wieder anzukleiden. Nach und nach kann man etwas länger im Wasser verweilen, aber doch nie so lange, daß man nach überwundenem ersten Schauder von neuem wieder Frost empfindet. Man lernt diesen Zeitpunct bald kennen, der bey verschiedenen Constitutionen von sehr verschiedener Dauer ist. Manche Personen, die sehr empfindlich sind, müßen sich auch wohl erst durch kaltes Waschen und Reiben zum kalten Bade vorbereiten. Starkes Reiben nach dem Bade ist immer sehr nutzbar.

11) Sehr vollblütige, und daher zu Blutflüßen geneigte Personen, müßen nicht baden.

12) Am wenigsten Blutspucker.

13) Auch verbieten Unreinigkeiten im Magen und in den Gedärmen, die monatliche Reinigung, seit mehreren Tagen Leibesverstopfung, Entzündungen, hohes Alter, Schwindel, Kopfschmerzen, und so manche andre Fehler der Gesundheit, in der Regel das kalte Baden; daher

14) überhaupt Niemand, der wirklich krank ist, oder zu gewissen Krankheiten Neigung hat, kalt baden muß, ohne Rath und Leitung eines Arztes, weil doch auch zum Theil in den benannten Krankheiten unter gewissen, aber nur von einem Arzte zu beurtheilenden Umständen, das kalte Bad sehr nützlich seyn kann.

15) Wenn man von dem Bade rechten Vortheil haben will, muß man es täglich, auch wohl jeden Tag zweymahl, wiederhohlen.

16) Badehemder, Beinkleider, im Bade, sind nicht zu rathen, und mindern den Nutzen desselben.

17) Ein sicheres Zeichen, daß das Bad wohl bekommt, ist, wenn man nach dem Bade bald wieder warm wird, den Kopf und die Brust ganz frey, und sich überhaupt leichter, munter und erquickt fühlt.

18) Dagegen muß man nicht wieder baden, wenn man noch eine geraume Zeit nach dem Bade frostig und kalt bleibt, eine Schwehre und Unbehaglichkeit im ganzen Körper bemerkt, und wohl gar den Kopf eingenommen und die Brust bedrückt fühlt.

S. G. Vogel.

Abb. 1. „Badehemden, Beinkleider, im Bade, sind nicht zu rathen, und mindern den Nutzen desselben ..." Prof. Vogels Bade-Regeln für Doberan und Heiligendamm.

„Nichts geht über ein Seebad; nach *einem* Bade schon ist die Müdigkeit wie weggeblasen, und nach mehreren fühlt man sich stark zu den Taten eines Herkules. Der Anblick des Meeres, das Rollen seiner Wogen, Ebbe und Flut, die stärkende Seeluft, die Millionen Seegeschöpfe, die nach der Ebbe zurückbleiben, das erleichterte Schwimmen im Seewasser, wo sind die Landbäder, die Gleiches gewähren? Der Binnenländer ahnt gar nicht, wie viel er vom Leben verliert, wenn er nicht wenigstens *einmal* am Meer, auf dem Meer und im Meer gewesen ist . . ."

Begeisterung über erste Seebad-Erfahrungen im vorigen Jahrhundert! Das Meer, die ungestüme, wilde Natur, wurde zum großen Erlebnis! Mit den Seebädern begann in der Geschichte der Menschen und ihrer freien Zeit ein neues Kapitel.

Noch verstand „Meyers Konversationslexikon" unter „Seebad" nur Gesundheitsförderliches, und „Freizeit" war noch kein lexikalischer Begriff. Aber die Romantiker drängten heraus aus der zunehmenden Zivilisation, und die Küsten der Nord- und Ostsee fanden ihre Fürsprecher. Wer mit Wort und Farbe umzugehen wußte, warb so für die neuen Ziele.

„Ich liebe das Meer wie meine Seele!" schrieb Heinrich Heine auf Helgoland, und Joseph von Eichendorff faßte seine Travemünder Empfindungen so zusammen: „Ewig wird der Anblick des Meeres meiner Seele vorschweben." An der Ostsee beträumte Emanuel Geibel „meine alte Freundin, die See". Das verlor sich auch in unserem Jahrhundert nicht. Emil Nolde rühmte auf Sylt die freie Luft und die tosenden Wogen, die ihn „spornten und beglückten", Lyonel Feininger malte auf Fehmarn seine „Wolken-Notizen", und Lovis Corinth entdeckte in Timmendorf seine „Freude an den Elementarkräften der Natur". An der Nordsee erlebte Thomas Mann eine „Brandung, nach deren Prankenschlägen ich mich das ganze Jahr zurücksehnen werde". Und so fanden viele „ihr" Meer und ihr Eigen-Sein inmitten der neuentdeckten Natur. Das ging den Großen ihrer Zeit nicht anders als den „gemein Geborenen". Das erwachende bürgerliche Bewußtsein und Selbstverständnis ließ die freie Zeit des einzelnen zu einer kostbaren Errungenschaft werden, ob man sie nun in der Stadtferne, auf dem Land oder gar an der See verbrachte.

Mit den Briten fing alles an

Begonnen hat alle Seebadreise-Zeit mit königlichen Fuß- und Fingerspitzen, die im nachbarlichen England erstmals 1751 vorsichtig ins Meer getaucht worden waren. Zur Förderung des hoheitlichen Wohlbefindens. In den „Göttingischen Zeitungen" las man die überraschende Nachricht: „. . . daß sogar die erlauchten Fürsten aus dem Königlichen Stamme sich des Seewassers diesen Sommer bedienet haben ..." Die britischen Hofärzte hatten das Baden in offener See empfohlen. Eine Sensation! Gewiß, man wußte von den alten Arabern, Griechen und Römern und von ihren Badefreuden. Man schätzte die Leib und Seele heilenden Badekuren im Binnenland. Aber die wilden Meere vor den Küsten galten als unheimlich und unkultiviert und nicht geeignet zur Erquickung oder gar Erbauung. Erst die neuen Meeresjünger mußten die therapeutische Wirkung des Seewassers – innerlich und äußerlich anzuwenden – wiederentdecken. Die Dissertation Richard Russels über den Gebrauch des Seewassers bei Erkrankungen der Drüsen machte 1750 den Anfang. Der Engländer gilt als Begründer der modernen Thalassotherapie, der Meeresheilkunde. Er sorgte auch für entsprechende kurmäßige Bade-Einrichtungen im Fischerdorf Brighthelmstone an der Kanalküste (der Beginn des späteren mondänen Seebades Brighton).

Allerdings dachte man im England des anbrechenden Industriezeitalters bei Seebädern vor allem an die Volksgesundheit: das Heer der Industriearbeiter, durch harte Fron entkräftet, in schnell wachsenden Slums der Städte vielfach in sozialem Elend, wurde schnell Opfer verheerender Krankheiten und Epidemien. Naturgemäße Gesundheitslehren, massive gesundheitliche Maßnahmen sollten eine Nation retten. So entstanden an der britischen Küste zu Beginn des 19. Jahrhunderts viele Seebäder als Gesundbrunnen.

In derselben Zeit aber, in der Not und Krankheit massenhaft ausbrachen, gab es die „Upper Ten", die sich ihre Sommerreise aufs Land oder an die See leisten konnten. Ganz à la mode, wie die Königlichen Hoheiten, taten sie dabei etwas für die Gesundheit, noch mehr für Herz und Seele. Die Badeärzte verordneten gewissen Kreisen gesundheitliche Pflichten, die Badesaison bescherte ergänzend den großen gesellschaftlichen Genuß. Man liebte die Vergnügungen, die Promenade, das Conversationshaus, traf sich bei Sport und Spiel. Man pflegte die passende Toilette, trug kostbare Stoffe in fließender Fülle mit modischen Accessoires. Man genoß die Lust am Luxus und pflegte den eigenen Status. Die Prominenz war das Vorbild, vor allem Mitglieder des britischen Königshauses. Dazuzugehören – das war das elementare Sommerreise-Erlebnis. Brighton putzte sich im vorigen Jahrhundert zu einem exklusiven Seebad heraus. Seine Repräsentations-Bauten, seine Weltbad-Atmosphäre, britisches „way of life" wurden den kontinentalen Europäern zum Vorbild, zum Maß. Die vielzitierte „vielfach seelige Insel" übte großen Einfluß auf die deutsche Seebäder-Geschichte aus.

Abb. 2. Thomas Mann gehörte zu der künstlerischen Prominenz, die in den zwanziger Jahren Sylt entdeckte. „Eine erfrischende Melancholie" empfand der Literaturnobelpreisträger auf der Insel, „an diesem erschütternden Meere habe ich tief gelebt . . ." (Das Foto zeigt ihn 1928).

Ganz nach Rousseau: Erlebniswelt Natur

„Warum hat Deutschland noch kein großes öffentliches Seebad?" So der Titel einer für diese Zeit revolutionären Schrift des Physikers und Schriftstellers Georg Christoph Lichtenberg im „Göttinger Taschen Calender" des Jahres 1793. Er war einer der ersten, der auch auf dem Kontinent Küstenbäder zur Gesundung und zur gesundheitlichen Vorsorge gründen wollte – und zugleich Diätetik für die Seele empfahl! „Wo sind die Orte, die, wie etwa Brighthelmstone, Margate und andere in England in den Sommermonaten an Frequenz selbst unsere berühmtesten inländischen Bäder und Brunnenplätze übertreffen?"

Der Göttinger Professor Lichtenberg wurde unterstützt von seinem Kollegen Christoph Wilhelm Hufeland in Jena, der die „schöne Gelegenheit" aufzeigte, „welche unsere nördlichen Küsten geben, da es doch erwiesen ist, daß das Seebad in mehreren Krankheiten durch nichts zu ersetzen ist". Lichtenberg schlug Cuxhaven als Seebad vor, für Hamburger und Bremer ideal gelegen. Ohne Erfolg. Vor ihm hatte schon 1783 der Juister Inselpastor Gerhard Otto Christoph Janus vergeblich versucht, seinen preußischen König Friedrich II. vom Sinn eines Seebades zu überzeugen.

In Travemünde war der Arzt Johann Georg Walbaum abgeschmettert worden, Versuche vieler Küstenregionen schlugen fehl. Aber Ärzte und Wissenschaftler waren allerorten längst von den Erfolgen ihrer britischen Kollegen überzeugt. Die Zeit für ein Umdenken war gegeben. Denn viel war im 18. Jahrhundert in Europa geschehen. Der Genfer Philosoph Jean-Jacques Rousseau und seine Schüler forderten die Rückkehr zum einfachen Leben in Naturverbundenheit. Die Natur hatte nunmehr einen eigenen Wert, Landschaften waren Erlebnis- und Erholungsräume geworden. Die Alpen, der Rhein, der Harz, die Schweiz, später auch die „Holsteinische Schweiz" und so manche Insel wurden zu Reisezielen der Empfindsamen.

Eine Freude an natürlichem Leben griff um sich – dazu gehörte auch das freie Baden. Mutig stieg man in die Fluten, wann und wo auch immer einem danach war. Männer wie Goethe („Das freie Meer befreit den Geist!") und die Brüder Stolberg standen für neue Lebensformen. Klopstock hatte bei seinem Besuch in Holstein im Jahre 1776 nicht nur in der Wakenitz den Jungen des Freundes Gerstenberg, wie er selber schrieb, „die Anfangsgründe des Tauchens und Schwimmens" beigebracht. Auch in Eutin ging er in den See. Und vor allem in Kiel erregten er und die Brüder Stolberg Aufsehen: „Manchen Tag haben wir uns zweimal dem Kieler Jungfernstiege gegenüber an einer Stelle, wo sich die Küste erhebt, gebadet. Einmal sind wir von braven Leuten mit einem Teleskope bekuckt und ein andermal von Professoren bemäkelt worden, und zwar folgendermaßen: Da sind denn nun diese Her-

Abb. 3. Ansicht der Bade-Anstalt bei Travemünde – kolorierte Lithographie von Friedrich Krätzschmer, 1835/40. Werbung im Reiseprospekt: „Ein Seebad stärkt den Nerv, das Leben, Sei uns gegrüßt, du Gott Neptun!“

ren hergekommen, um ihre geistigen Aufwallungen in der Ostsee abzukühlen.“

Professoren waren es Jahrzehnte später übrigens auch, die die neugegründete Seebadeanstalt Kiel-Düsternbrook ablehnten, sie befürchteten zuviel Ablenkung der Studenten durch zu viele Vergnügungen. Ihr Fazit: „Badeort und Universität kann dieselbe Stadt nicht sein!“ Zu Klopstocks Zeiten allerdings erlebte die junge Generation mit schöpferischer Kraft das Leben neu, entdeckte Sand und Meer für sich, Wind und Wolken und die Faszination der freien See. Der Anblick vom Küstensaum überwältigte. 1805 schrieb der romantische Dichter Joseph von Eichendorff über Travemünde: „Mit der gespanntesten Erwartung sahen wir dem Augenblick entgegen, wo wir das Meer zu Gesicht bekommen sollten. Endlich, als wir den Gipfel der letzten Anhöhe vor Travemünde erreicht hatten, lag plötzlich das ungeheure Ganze vor unseren Augen und überraschte uns so fürchterlich, daß wir alle in unserem Innersten erschraken. Unermeßlich erstreckten sich die grausigen Fluten in unabsehbare Fernen. In schwindlichter Weite verfloß die Riesen-Wasserfläche mit den Wolken, und Himmel und Wasser schienen ein unendliches Ganzes zu bilden. Trunken von dem himmlischen Anblicke erreichten wir endlich Travemünde . . ." Solcherlei Begeisterung bewegte Generationen. Jahrzehnte später schrieb M. G. W. Brandt über Juist: „Ich habe stark aussehende Menschen gekannt, auf welche der erstmalige Anblick des Meeres einen solch erschütternden Eindruck machte, daß sie fast ohnmächtig wurden . . ."

Zur Zeit der Romantiker kam mit veränderten Lebenswerten auch ein Wechselspiel zwischen alltäglichem Mühen und selbstbestimmter freier Zeit auf. Seebäder wie Brighton waren der gewünschte Platz für ein gesundes, aber auch geselliges Leben jenseits des Alltags. Jedoch: Seebäder gründeten sich nicht ohne obrigkeitliche Genehmigung und ohne Gönner und Geldgeber.

Heiligendamm – erstes deutsches Seebad

Da mußte erst Friedrich Franz I., Herzog von Mecklenburg-Schwerin, kommen und 1793 samt Gefolge am steinigen Strand vom Heiligen Damm die Hüllen fallen lassen und in die Meeresfluten eintauchen. Die sommerliche Residenz Doberan wurde zum Seebad. Das kleine Dorf besuchte man seit langem als Wallfahrtsort mit heilkräftigem Brunnen und ungewöhnlich schöner Küste, schon 1776 als „eine der größten Seltenheiten in Europa" gerühmt. Des Herzogs Rostocker Leibarzt, Prof. Samuel Gottlieb Vogel, empfahl Ende des 18. Jahrhunderts, einen Kurort zu gründen mit gesundheitsfördernden Einrichtungen. Herzog Friedrich Franz stimmte zu und verlangte, „daß eine Verletzung der Naturschönheiten vermieden werde".

Allerdings ging es ihm nicht um den physisch und psychisch schlechten Zustand seiner Untertanen – vielmehr war der Zustand seiner Staatsfinanzen besorgniserregend. Die galt es zu kurieren. Die Landeskinder sollten ins Seebad kommen, wohlhabende Fernreisende und viel Prominenz. Dem Staatssäckel mußte doch zu helfen sein! Der Medicus solle einen Plan machen, er wolle die Kosten „aus seiner Privatschatulle bestreiten". Sagte er. Doch den Preis für die Seebadgründung bezahlten in Wahrheit 1000 Mecklenburger Soldaten, drei Bataillone, die der Herzog dem Niederländer Wilhelm V. von Oranien als Söldner verkaufte. Sieben Jahre leisteten sie Kriegs-

Abb. 4. Heiligendamm – die Bauten des Baumeisters Karl Theodor Severin prägten das Panorama des ersten deutschen Seebads. 1816 wurde das „Empfangs-, Gesellschafts-, Tanz- und Speisehaus“ mit seinen dorischen Säulen eingeweiht. Es wurde, neben dem Bade- und Logierhaus und vor der großen Seebrücke gelegen, zum Wahrzeichen der „Weißen Stadt am Meer“.

dienst in der Fremde, Friedrich Franz kassierte jährlich 30 000 Silberdukaten und Sonder-Zahlungen für Tote und Verwundete. Und „stiftete“ dann das Seebad ... Auf dem Heiligen Damm vor Doberan wuchs es heran.

Was mit einem Zelt und einem umgebauten Wagenschuppen 1794 begann, wurde zum sommerlichen Treff der weiten Welt. Logierhäuser, private Villen, Salongebäude und Säle, das herzogliche Palais entstanden. Baumeister Karl Theodor Severin prägte den Seebad-Stil einer ganzen Epoche. Sein 1816 in Heiligendamm errichtetes „Empfangs-, Gesellschafts-, Tanz- und Speisehaus“, kurz „Kurhaus“ genannt, wurde mit seiner antikisierenden Monumentalität zum Wahrzeichen des Ostseebades, mit seinem in goldenen Lettern über dem Säulengang aufgebrachten Leitspruch zum Wegweiser: „Heic te laetitia invitat post balnea sanum“ (Hier erwartet dich Freude, entsteigst du gesundet dem Bade). In späterer Zeit folgende gewaltige Villen machten Heiligendamm zur strahlenden „weißen Stadt am Meer“.

Anfangs badete man von kleinen Badeschiffen, Schaluppen aus. Man tauchte die Badewilligen in einem Käfig, boshaft „Aalkasten“ genannt, ab und unter. Badearzt Vogel: „Das Baden in den Schaluppen fand viel Beifall, welches leider nur öfters durch stürmisches Wetter unterbrochen wurde ...

Es sind nämlich nur wenige Personen, die alsdann von dem Schwanken derselben nicht übel und schwindlig, mit einem Worte seekrank werden ..." Im übrigen hätten die „Badekasten für korpulente und größere Menschen nicht Raum genug". Zartbesaitete blieben, wen wundert's, gleich am Strand. Der war ohnehin bedeutsamer für das Wohlbefinden als das Baden. Man lebte nach dem Vorbild Brightons, zog mit Equipage oder bäuerlichem Pferd und Wagen des Morgens zum Bad, stets in modische Strandcomplets verhüllt mit Hüten und Hauben vor der bräunenden Sonne geschützt – vornehme Blässe war noch Ausdruck des nicht arbeitenden Standes. Man verbrachte seine Zeit mit Promenieren und Flanieren, mit Mahl und Mittagsruhe, bummelte durch den Tag bis zu abendlicher Erheiterung, sorgte sich um sein Ansehen und versorgte sich mit allerlei Schönem. Für die Celebritäten, die honorigen Gäste, gab es Kur- und andere Konzerte, Theaterspiel und Tanz, Illuminationen und Feuerwerk. Der ganze Hofstaat kam allsommerlich, schließlich auch Prominenz aus Schweden, Dänemark und England, aus Holland, Frankreich und Italien, aus Rußland und Ungarn. Auch aus deutschen Landen.

Der geistige Vater des Seebads, der Physikus Vogel, hatte nur an heilende Badereisen gedacht, hatte Baderegeln aufgestellt und kurgemäße Pläne gemacht. Sein Landesvater jedoch zeigte sich nicht nur um das leibliche Wohl besorgt, sondern auch um die Kur für die Seele. Denn viele der Annehmlichkeiten, die die Badekur verschönten, brachten dem Landesvater Gewinn. Die adligen Herrschaften, die Gutsbesitzer und Offiziere, fürstliche Beamte und der Geldadel, auch manche Prominenz aus dem Bereich der Kunst und Wissenschaften suchten und verloren ihr Glück bei Pharao und Roulette in der Gold- und der Silber-Spielbank, ab 1804 traf man sich zur Wette auf der Pferdebahn, der ersten ihrer Art auf dem Kontinent. In Doberan und Heiligendamm mußte „man" des Sommers gewesen sein ...

Was man in Mecklenburg schaffte, das wollten andere auch. Sehr schnell. Und so taten sich allerorten an den Küsten – von Borkum bis Sylt, von Glücksburg bis Swinemünde – Interessenten zusammen und planten auf dem Papier und im Sand. Das Rennen machten im Westen die Ostfriesen auf Norderney. 1797 ließ dort der Landphysikus Friedrich Wilhelm von Halem die ersten Badeanlagen aufbauen. Nach und nach öffneten die Nachbar-Inseln ihre Bäder.

Travemünde – Treff zur Lustpartie

An der Ostsee hatte so mancher Mitte des 18. Jahrhunderts das noch ganz unbedeutende Travemünde als sommerliches Ausflugsziel entdeckt. Eine Seebad-Gründung aber scheiterte im 18. Jahrhundert mehrfach an behörd-

Abb. 5. Seebad Travemünde – kolorierte Lithographie nach F. Elias, um 1830. Man badet – wenn überhaupt – vom Badekarren aus, mit großem Abstand zwischen „Damenbad" und „Herrenbad" und obendrein im Schutze eines heruntergeklappten Schirms.

lichen Hürden. Auch die Badekarren und die Badehaus-Pläne des Travemünder Gastwirts Jacob Lehmann wurden nicht genehmigt. Die entscheidenden Lübecker Senatoren machten ihre Pläne ohne diesen Wirt. 1801 schließlich gründeten zehn prominente Lübecker die „Direktion der Seebadeanstalt bey Travemünde", bauten auf dem Leuchtenfeld vor der Stadt ein Warmbadehaus mit Eichenholz-Wannen, ein Speisehaus für 300 Gäste, auch Gesellschaftsräume und stellten Badekarren für Seebäder auf. 1802 eröffneten sie die erste Travemünder Saison. Die Bilanz des ersten Jahres: 3000 Bäder und die Erkenntnis, daß Fremdenbetten fehlten.

Nicht nur Hamburger und Lübecker zog es zur Lustpartie an die Lübecker Bucht: der regierende dänische Kronprinz, der spätere König Friedrich VI., drohte schon 1803, mitsamt seinem Gefolge in Doberan zu kuren, falls man ihm in Travemünde nicht genügend Zimmer biete. Flugs baute man ein ansehnliches Logierhaus mit 56 Zimmern, befestigte die Straßen, putzte die Vorderreihe für den hohen Besuch heraus, pflanzte Linden für die Promenade. Viel andere Prominenz gab später Travemünde die Ehre. Doch schon gab es neuen Ärger: Travemünder Proviantmeister kauften für ihre hohen Gäste im Umland zu Höchstpreisen die Märkte leer. Ein Preiskrieg mit konkurrierenden Gastwirten tobte, es kam sogar zu einer vorübergehenden Schließung der Seebadeanstalt.

Gute Sommer folgten, bis über Lübeck und Travemünde die Franzosenzeit hereinbrach. Der Badebetrieb ruhte, bis 1814 wieder alles neu begann – auch mit dem Ausbau des großen freien Feldes, auf dem man die Lübecker Festungswerke geschleift hatte. Ab 1825 rollte die Roulettekugel, ein Anreiz nicht nur für hanseatische Gäste. 1824 fuhren die ersten Dampfschiffe von und nach Kopenhagen, 1828 nach St. Petersburg. „Man" fuhr zum Spiel über die Ostsee. Direkt vor dem Hotel de Russie (später „Hotel Deutscher Kaiser") machten die russischen Raddampfer fest – mit so manchem Gast an Bord, der in Travemünde sein Glück suchte und den Seebad-Kassen Gewinn brachte, auch Gogol und Turgenjew und Dostojewskij. Die Verkehrswege waren immer noch ein Problem. Straßen, die einem „gespickten Hasen" glichen, beklagte ein 1840 anreisender Gast. Die Reise sei eine „Tortur dritten Grades. Wir armen Passagiere wurden durcheinandergerüttelt wie Kartoffeln im Schwenkkessel." Erst ab 1859 gab es regelmäßige Verbindungen nach Lübeck mit sechssitzigen Kutschen und Dampfschiffen. 1872 endlich verband die Eisenbahn Travemünde mit Lübeck – und dem Rest der Welt ...

Die Badegäste von Travemünde hatten inzwischen den Priwall erobert, die schmale Landzunge am Eingang der Trave-Mündung, mit einem Freibad, später Badehütten, einer ersten Pferderennbahn. Lübecker bauten hier ihre Sommerhäuser und 1912 eine große Badeanstalt mit Damen- und Herren- und Familienbad, mit Bademeister und besonderem Service: Laken, Handtücher und Badekleidung zum Ausleihen. „2412 blau-weiß gestreifte Badehosen und 63 blaue Badeanzüge", liest man, gehörten zum Inventar. Im übrigen bot der Priwall den Badehoselosen sehr früh schon ein Naturfreunde-Areal!

Das Jahr 1872 brachte Travemünde – wie der ganzen Ostseeküste – verheerende Flutschäden. Viele Wiederaufbauten wurden notwendig. Am folgenschwersten aber war das Verbot des Glücksspiels im selben Jahr – der Verlust der größten Attraktion. Das so mondäne Seebad drohte „zu einer Sommerfrische herabzusinken und von den einfachen Stranddörfern seiner Umgebung überflügelt zu werden". Neue Ideen mußten her! Hamburger, die zuvor die Kieler Segelregatta initiiert hatten, zogen nun auch auf die Ostsee vor Travemünde. 1889 wurde die Travemünder Woche begründet, durch königlichen Besuch mit den Jahren eine Attraktion, Kaiser Wilhelm II. nahm aktiv teil, die „Kaiserregatten" waren das Spitzenereignis, der Aufenthalt der kaiserlichen Familie brachte Travemünde Ruhm und Flair zurück. Nun wurde es wieder Mode, dabei zu sein. Man hatte wieder Erfolg, hatte Geld, auszubauen.

Über das imposante neue Kurhaus berichteten die Lübecker Nachrichten bei der Einweihung 1913, es entspreche in allem den Anforderungen, „die

Abb. 6. Das neue Logis- und Gesellschaftsgebäude in Travemünde – kolorierter Holzstich, 1860. (Dieses „Conversationshaus", zeitgemäß geplanter Umbau des vorhandenen Speisehauses, wurde in dieser Form nicht verwirklicht. Wirtschaftlich schwierige Zeiten verhinderten das Vorhaben.)

ein verwöhntes und künstlerisch gebildetes Publikum an eine Umgebung stellt, die der äußere Rahmen eines längeren Erholungsaufenthaltes oder einer Festlichkeit ist". Ein Festsaal mit einer Bühne für 250 Personen gehörte zum Haus – auch der Kaiser verkehrte hier, 75 Gästezimmer „mit allem Komfort" und alle denkbaren modernen Einrichtungen für die „größte Bequemlichkeit der Gäste" wurden versprochen. Die erlesene Gesellschaft kam in Scharen, lebte das aufwendige Leben jener Zeit, betreut durch einen Kurdirektor, informiert durch eine Kurzeitung, in Stimmung gebracht durch ein 40-Mann-Kurorchester. Lawn Tennis, Regatten, Reit- und Fahrturniere, Theater, Tanz und Kabarett – man hatte die Wahl. Das „Konservenhaus", so der Volksmund, war der große Treffpunkt für alle Unterhaltungen und alle Selbstdarstellung. Kurz vor dem Krieg liest man, das Seebad könne nicht noch mehr als die 20 000 Gäste aufnehmen, denn „der Strand ist schon jetzt so mit Menschen angefüllt, daß sie gar nicht mehr untergebracht werden können".

„Welche Sommerferien an der See, wenn man im Kurhause wohnte, an der Table d'hôte speiste, badete und Esel ritt . . ." läßt Thomas Mann seine Tony Buddenbrook seufzen. Die junge Lübeckerin promeniert am Strand von Travemünde und lagert im Sand, sie streift durch den Kurgarten, sitzt auf den Steinen, auf der Mole, wird zu Réunions geladen und zu Segelpartien und genießt „... ein wunderbar müßiges und pflegsames Wohlleben, das ungestört und kummerlos verging: Der Vormittag am Strande, während droben die Kurkapelle ihr Morgenprogramm erledigte ..." Nunmehr hatte das Bürgertum Travemünde erobert – und genoß es, weil es gesellschaftlich „wie bei Hoheiten" zuging. Wie in Doberan war man in Travemünde der Aristokratie doch schon sehr nah. Und doch hatten sich die sozialen Gruppen verändert: „Es kamen eine Menge Leute aus der Stadt, die gar nicht hergehörten, Eintagsfliegen aus dem guten Mittelstande", läßt Thomas Mann seine Ida Jungmann sagen.

Von der Bildungsreise zum Müßiggang

Der Beginn des touristischen Reisens waren die Studien- und Kulturreisen der Adelskreise vom 16. Jahrhundert an. Ein hohes aristokratisches Bildungsideal stand hinter der „Grand Tour" der jungen Adeligen, die Monate und Jahre an allen bedeutenden Stätten Europas verbrachten. Die Routen waren vorgegeben. 1800 prägte man das Wort „Tour", 1811 den Begriff „Tourismus" – eine bürgerliche Minderheit nahm nun auf ihre Weise und nach ihren Möglichkeiten die Bildungsreisen auf, kopierte die herrschenden Verhaltensformen. Das letzte Drittel des 18., das erste des 19. Jahrhunderts brachten entscheidende gesellschaftliche Verschiebungen.

Die Verbürgerlichung bestärkte den Wunsch nach eigenen Privilegien für das gehobene Bürgertum. Das Leitbild: die „Upper Class". Die ihrerseits fand – sich wiederum abgrenzend – in der Badereise eine neue Reiseform mit neuen Reizen, die Meeresküsten sollten Lebensenergie zurückbringen. Die Kuren halfen, aber auch die repräsentativen Divertissements. Die Herrschenden sorgten für klassizistische Prestige-Bauten, für Spielbank und Pferderennen und Conversationshaus, für Debattierclubs und Theegesellschaften und für ein Miteinander im geschlossenen Zirkel. Die „Leisure Group" pflegte ihren Müßiggang und ihre Macht, demonstrierte konkurrierenden Konsum. Faszination und Vorbild für die anderen Gesellschaftsschichten. Daß man sich solches leisten konnte ... Die jeweils vornehmere stets kopierend, vermischten sich die einst engen sozialen Gruppen. Für große Bevölkerungsschichten wurde die sommerliche Seereise zum Statussymbol, sogar auch für die Familien.

Die ersten Seebäder entstanden in der Nähe von Residenzen und Städten, weil sie somit leichter erreichbar waren. Erst als Chausseen ausgebaut wurden und Dampfer und Eisenbahnen über See und durchs Land fuhren, kam die zweite Welle der Seebäder-Gründung. Nach 1871 erleichterten politische und wirtschaftliche Bedingungen den Ausbau der Küstenorte.

Abb. 7. Westerland um 1900 – „man" traf sich am Strand und auf der Promenade! Das glänzende Mode- und Vergnügungsbad der wilhelminischen Zeit hatte Erfolg, 1895 zählte man noch 10 000 Kurgäste, 1905 waren es 20 000, 1913 schon 30 000.

Andauernde wirtschaftliche Krisenzeiten zwangen immer wieder Gemeinden, nach neuen Erwerbsquellen zu suchen. Da boten die zunehmenden Erkenntnisse über die Heilkräfte der Natur, insbesondere des Meeres und des Klimas, gute Argumente für die Gründung und den Ausbau von Seebädern an Nord- und Ostsee. Und die sich mit der Zeit wandelnden Lebensformen praktisch aller Bevölkerungsgruppen garantierten den Erfolg einer nicht nur regionalen neuen Entwicklung.

An der Ostsee, zwischen Glücksburg und Swinemünde, reihten sich im 19. Jahrhundert die neugegründeten Bäder wie Perlen auf eine Schnur, so manches Fischer- und Bauerndorf entfaltete seine Schönheiten und erwachte zu neuem Leben. Besonders zwischen Lübeck und Stettin: 1803 Boltenhagen, 1805 Warnemünde, 1822 Zoppot, 1824 Heringsdorf und Swinemünde, ein Jahr später Binz und gegen Ende des Jahrhunderts auch Hiddensee und Bansin.

Abb. 8. Die Erholung in Wyk auf Föhr – Lithographie von J. F. Fritz, um 1840/45. Hauptpromenade des Insel-Seebads war der Sandwall mit seiner königlichen Baumallee, der Kurmusik der „Prager Musikanten“ und der „Erholung“, dem Restaurationslokal im klassizistischen Stil.

Wyk auf Föhr – das königliche Sommerziel

Zwischen Sylt und Borkum, an der westlichen Nordseeküste, war das nicht anders. Nach dem Start mit Norderney 1797 ging es 1804 mit Wangerooge und 1809 mit Spiekeroog weiter, 1816 auch mit Cuxhaven, für das der so fortschrittlich denkende Göttinger Philosoph Lichtenberg ja schon Jahrzehnte zuvor Seebad-Pläne geschmiedet hatte. Nach vergeblichen Versuchen, 1818 in Eiderstedts Hafenstädtchen Tönning eine Badeanstalt zu errichten, wurde 1819 das malerische Wyk auf Föhr zum ersten nordfriesischen Seebad.

Gern legt man höfischen Glanz über die Geschichte des Seebads Wyk, das Flair der einstigen königlichen Sommerfrische putzt noch immer ganz ungemein. Aber die Königszeit war nur eine kurze Episode in einer langen, wechselvollen Seebad-Geschichte. Es begann alles ganz anders: 1785 schrieb der Kammerherr von Scheel in einem Militärbericht: „... diese Insel würde ein guter Erfrischungsort sein!" Bald darauf schmiedete der Husumer Kreis-Physicus Friedlieb Heilbad-Pläne für Föhr. Aber erst 1819 hatte der neue Land- und Gerichtsvogt H. J. v. Colditz Erfolg. Überzeugt von der Heilkraft der Luft und des Meeres, erkannte er in der Gründung eines Seebades auch einen Ausweg aus wirtschaftlicher Not. Walfang- und andere „goldene" Insel-Zeiten waren vorüber, Napoleons Seehandelsblockade hatte auch den Föhrern geschadet.

Colditz überzeugte, fand Aktionäre, beschaffte ein Haus am Sandwall für warme Bäder und Karren für See-Bäder. Logis gab es in Bürgerhäusern, Inselapotheker Becker nahm das Seewasser unter sein Mikroskop und die zugereisten Fremden an seinen Mittagstisch. Und dann kamen 61 Badegäste in der ersten Saison. Kritische Insulaner fürchteten um Sitte und Moral und um die Eigenart der Friesen. Aber das beschauliche Wyk verzichtete „auf den prahlenden Ruf, je eine der glänzenden Badeanstalten zu werden, wo rauschende Vergnügungen in fürstlichen Palästen eben so häufig die Gesunden lockt, als das eigentliche Bad die Kranken ..." Unter der Protektion des dänischen Königs verkaufte man im „Wilhelminen-Seebad auf Föhr" die reine Gesundheit, baute ein Speise- und Gesellschaftshaus und sorgte für bescheidene Annehmlichkeiten. Mit Erfolg. Fährschiffer Peter Bendixen mußte bald zwischen Dagebüll und Wyk „eine dritte Schute für den gestiegenen Passagierverkehr anschaffen".

Im Jahre 1842 begann die glanzvollste Zeit für die Wyker – der Landesherr, König Christian VIII. von Dänemark, erwählte die Insel als Sommerziel. Jahr um Jahr war königliche Hochsaison auf Föhr, wenn Majestät sich samt Familie und Hofstaat, samt Kutschen und allen Konvenienzen die Ehre gab. Per Schiff dampfte alles herbei, auch Gäste und die elegante Welt, die dazugehören wollte. In Wyk entstanden Königshaus und Königsgarten und alle Bequemlichkeiten einer Residenz. Man sorgte für den vom Hofmarschallamt georderten Vorrat („Hummer und Steinbutt in Fässern", Austernpächter Bleicken brachte seine Delikatessen für die königliche Tafel – 27 000 Schalentiere waren es allein 1843). Auf dem Sandwall ließ der Landesvater 1000 Ulmen pflanzen, für die schattenspendende Promenade auf einer Insel, auf der es noch kaum Bäume gab. Zu den königlichen Gästen gehörte auch der dänische Märchendichter Hans Christian Andersen, der sich von der Naturschönheit der Insel und der Wildheit des Meeres überwältigen und zu neuem Werk inspirieren ließ. Mit Begeisterung stieg er vom Badekarren aus ins Meer: „Ich habe jeden Tag gebadet, und ich muß sagen, es ist das unvergleichlichste Wasser, in dem ich gewesen bin." Wyk erlebte glanzvolle Zeiten.

Nach dem Tod des Königs 1848, nach zwei Großbränden, nach dem preußisch-dänischen Krieg und dem Ende der Dänenzeit stand Föhr aller-

Abb. 9. Urlauben im einstigen Königshaus – welch ein Angebot! Redlefsen's Hotel wurde über Jahrzehnte zum größten und besten Haus in Wyk.

Abb. 10. Privatquartiere waren neben wenigen öffentlichen Logier- und Kurhäusern das übliche Angebot der frühen Seebäder-Zeiten. Für Sommergäste räumte so mancher seine Stuben. Die Nachfrage nach standesgemäßen Quartieren steigerte die Qualität. Wer in Wyk am Sandwall logierte, mußte die Aussicht aufs Meer hoch bezahlen. Auch die fortschrittliche sanitäre Ausstattung. Schließlich gab es hier 1914 schon fließendes Wasser . . .

dings am Rande des Ruins. Trotz zunehmender bürgerlicher Badelust in preußischer Zeit, trotz späterer Besuche des neuen Herrscherhauses – der damalige Kronprinz Friedrich von Preußen kam mit seiner Familie, auch Prinz Wilhelm, der spätere Kaiser, auch Auguste Viktoria – trotz neuer Bauten und verändernder Ideen kam die „Königszeit" nicht wieder. Nun besann sich Wyk auf sein größtes Kapital – auf das gesunde Klima und auf die Heilfaktoren des Meeres. Wichtig für Kranke *und* Gesunde. Das erste Seehospiz,

Abb. 11. See-Hospiz in Wyk 1895 – Hunderttausende von Kindern haben sich im Seeklima Föhrs erholt, seit hier 1882 die erste soziale Kinderheilstätte, vorwiegend für Erkältungskrankheiten, gegründet worden war.

ein Sanatorium für Kinder, wurde vom „Verein für Kinderheilstätten an den deutschen Seeküsten" eingerichtet, sozial unterstützt. Viele Kinderheime folgten.

1898 eröffnete der schwäbische Arzt Dr. Carl Gmelin im noch unbebauten Südstrand-Gelände das Nordseesanatorium mit seinem ausgedehnten Kurpark für die Badegäste. Zusammen mit dem Schwaben Dr. Carl Haeberlin unternahm er wegweisende heilklimatische Untersuchungen, 1902 begann die Bioklimatische Forschungsstelle ihre Arbeit. Haeberlin: „Sowohl in klimatischen Bedingungen als auch in seinen hygienischen und klinischen Einrichtungen ist Wyk hochqualifiziert." Die Sanatorien und die anderen Heime brachten neue Besucher nach Föhr. „Wyk ist das Seebad der Kinder und der alten Leute", so ein Insel-Beobachter Anfang dieses Jahrhunderts. Er lieferte ein detailliertes Dokument des Bade-Alltags: „Das Tagewerk des Badegastes ist ein einfaches. Man schläft lange in Wyk, denn die Meeresluft macht müde. Indessen sucht jeder doch möglichst zu dem Frühkonzert der Kurkapelle, welches mit einem Choral um 9 Uhr beginnt, auf dem Sandwall zu sein. Hier wandelt die Badegesellschaft im Schatten der ho-

Abb. 12. Haupthaus des 1898 von Dr. Gmelin am Wyker Südstrand gegründeten „Nordseesanatoriums". Der bedeutende Jugendstil-Künstler August Endell war der Architekt des exzeptionellen Baukomplexes im Stil einer neuen, reformerischen Bäderarchitektur.

hen, alten Bäume ... Um 10 Uhr beginnt der Hauptzug der Badenden zum Südstrand, wo die Badeplätze liegen. Der Sandwall leert sich. Nur die alten Herrschaften bleiben zurück in Morgensonne und Seeluft. Und dann wird der tiefer gelegene Strand vor dem Sandwall allmählich belebt von solchen Kindern, die nicht baden. Die Strandzelte und Strandkörbe werden besetzt. Es beginnt das Strandleben mit seinem Sandburgenbau. Sogar Burgen mit Zinnen und richtigem Schmuck entstehen, mit Abbildern von Tieren und allerlei Sprüchen und Fahnen. Die Kinder lieben das Muschelsuchen und das Sammeln lebender Seesterne, sie töten junge Taschenkrebse, um kleine Fische zu fangen. Eine unnötige Tierquälerei ... Nach dem Mittagessen und der kurgemäßen Siesta versammelt sich die Badegesellschaft wieder unter den Baumreihen des Sandwalls zum Nachmittagskonzert ..." Der Chronist des Jahres 1906 nennt als besondere Zerstreuungen und Vergnügungen außer dem Wattenlauf auf den Sandbänken vor Wyk auch die Spaziergänge und Wagenfahrten auf der Insel („Die Bewohner der Dörfer kümmern sich wenig um das Gedeihen des Badelebens, da sie nach ihrer Angabe keinerlei Vorteil davon haben. Ihre Insel halten sie dagegen in hoher Kultur"). Be-

Abb. 13. Fröhlich spielende Kinder im Meer vor dem Kinder-Erholungsheim „Schöneberg" in Wyk im Jahre 1925 – das gesunde Meeresklima und die gute medizinische und pädagogische Betreuung waren die besten Voraussetzungen für erfolgreiche Kinder-Heilkuren an der See.

richtenswert sind aber auch gewisse Äußerlichkeiten: „Kleideraufwand wird in Wyk wenig sichtbar. Die meisten Damen gehen auch nachmittags und abends im einfachen Anzuge. Hin und wieder sieht man wohl bei neuangekommenen Damen prächtigere Gewänder, aber nur wenige Tage, dann wandern die Staatskleider in den Koffer zurück, und die bequemere Tracht behält den Sieg." Ganz allgemein herrschen Ruhe und Ordnung: „Nach dem Abendessen führt das Abendkonzert die Erwachsenen von 8 1/2 bis 10 Uhr zum dritten Male auf dem Sandwall zusammen – eine gute Vorbereitung für die Nachtruhe. Diese wird durchweg rechtzeitig angetreten; Bier- und Kaffeehäuser werden nach 10 Uhr von den Kurgästen wenig besucht."

Man war ja sehr besorgt um Sitte und Moral, hielt sich mit der „Prüdigkeit" der Zeit an strenge Regeln. „Ein sittlich genommenes Bad gehört zu den vergnüglichsten Delektierungen, derer eine junge Seele zuteil werden kann. Bei all dem Schwimmen und Plätschern, dem heiteren Spiel mit den Gefährten in den kühlenden Fluten darf jedoch die notwendige Schicklichkeit keinesfalls außer acht gelassen werden." Gebadet wurde getrennt, im

Abb. 14. Dampfer machten es möglich – die Inseln Föhr und Amrum wurden ab 1885 in der Saison täglich zweimal angefahren.

Abb. 15. Der Dichter Hans Christian Andersen nach seinem Föhr-Besuch 1844: „Ich habe jeden Tag gebadet . . . Es ist vergnüglich arrangiert, man kommt in ein kleines Badehäuschen hinein, und während man sich auszieht, reitet ein Knecht ein Pferd, welches das ganze Haus weit ins Meer hinauszieht . . .“

Damen- und im Herrenbad, später auch im Familienbad, und stets vom Badekarren aus, den Roß und Reiter vom Strand ins Wasser zogen. Dort tauchte man unter ausgeklapptem Schirm ins Meer: „Es sei erlaubt zu bemerken, daß selbst für die sorgsamste Anständigkeit keine Gefahr droht“, durch die Schirme sei man „freier dem Wellenschlage, wie auch der wohlthuenden Luft ausgesetzt“. Man badete nackt und gut vorbereitet, wie es der Wyker Friedrich von Warnstedt einst angeraten sein ließ: „Mit einem Badehemde, mit Beinkleidern oder sonst einer Bedeckung ins Bad zu gehen, ist in der Regel zu widerrathen. Unmittelbar nach einer niederschlagenden Gemüthsbewegung darf man sich niemals kalt baden. Zum Wohlbekommen des kalten Bades gehört ganz vorzüglich, daß die Abendmahlzeit des vorigen Tages leicht gewesen, so wie, daß ein ruhiger, erquickender Schlaf vorher Statt gefunden habe. Ganz besonders steht das Spiel mit dem Baden in dem widrigsten Verhältnisse.“

Zu den bescheidenen Vergnügungen der Wyker Sommerwochen gehörte

Abb. 16. Badehäuschen und Strandkörbe am Wyker Strand um 1900. Seit 1882 der Mecklenburgische Hofkorbmacher Wilhelm Bartelmann aus Rohr und Weiden einen Einsitzer als Schutz gegen Sonne und Wind gebaut hatte, kamen Strandmöbel in Mode. 1897 erfand Johann Falck den „Halblieger", 1910 gab es die ersten bequemen zweiteiligen Liegekörbe.

auch dieses: „Vielfach sieht man in den Händen der Damen das mehr oder weniger unsaubere Leihbibliotheksbuch, während die Männer, im Sande liegend, mit den großen Zeitungen knittern und mit den Wellen um die Wette rauschen. Schade um die schönen, sonnigen Stunden, die in dieser Weise verdorben werden! Das Lesen behindert die Atmung und hält das Auge von der Schönheit der Umgebung zurück." Diese erlebte man dann per Lustfahrt auf der Nordsee bis nach Sylt oder Helgoland, auch per Pferdekutsche durchs Watt nach Amrum und schließlich auch bei der sehr begehrten Seehundsjagd! „Ein Sport, der dem Binnenländer gänzlich neu sein dürfte! Die Seehundsjagd bietet viel Reiz und Zerstreuung und ist leicht und erfolgreich zu betreiben von tüchtigen Seehundsjägern. Vor Tagesgrauen müssen die Sandbänke erreicht sein, der Seehundjäger kriecht dann auf Knien mitsamt Flinte an die Tiere heran, lockt sie, indem er sie imitiert, und erschießt sie." Begeisterte, jagdwütige Urlauber machten mit . . .

Das Seebad Wyk mit seinem schönen Strand und seiner anmutigen Be-

Abb. 17. Zu den Lustbarkeiten eines Nordsee-Urlaubs gehörte um die Jahrhundertwende noch die Jagd – auf Wildenten und Tümmler, deren Fleisch man schätzte, und auf Seehunde, deren Fell man stolz als Souvenir mit nach Hause brachte. Erfahrene Seehundsjäger begleiteten die Gäste zu den Sandbänken.

haglichkeit gewann nach und nach sein Publikum. Erstmals vor dem Ersten Weltkrieg zeigte die Jahresbilanz mehr als 10 000 Besucher.

Reise-Verkehr voller Hindernisse

Nun konnte man aber durchaus nicht „schnell mal zur Insel" fahren. Der Weg zu allen Seebädern an Nord- und Ostseeküste, noch viel mehr zu den Inseln, war außerordentlich beschwerlich. Solange man unter Reisen noch Touren per Kutsche oder offenem Pferdewagen über holprige Steinwege und Knüppeldämme verstand, solange Segelboote und Dampfschiffe schwankende Transportbehälter für Mensch und Tier und allerlei waren, solange Eisenbahnen noch nicht durch den Norden schnauften, konnte von Reise-Verkehr nicht die Rede sein. Verkehren konnte man erst nach Ausbau der Chausseenetze, nach Einrichtung von Schiffslinien und Ausbau von An-

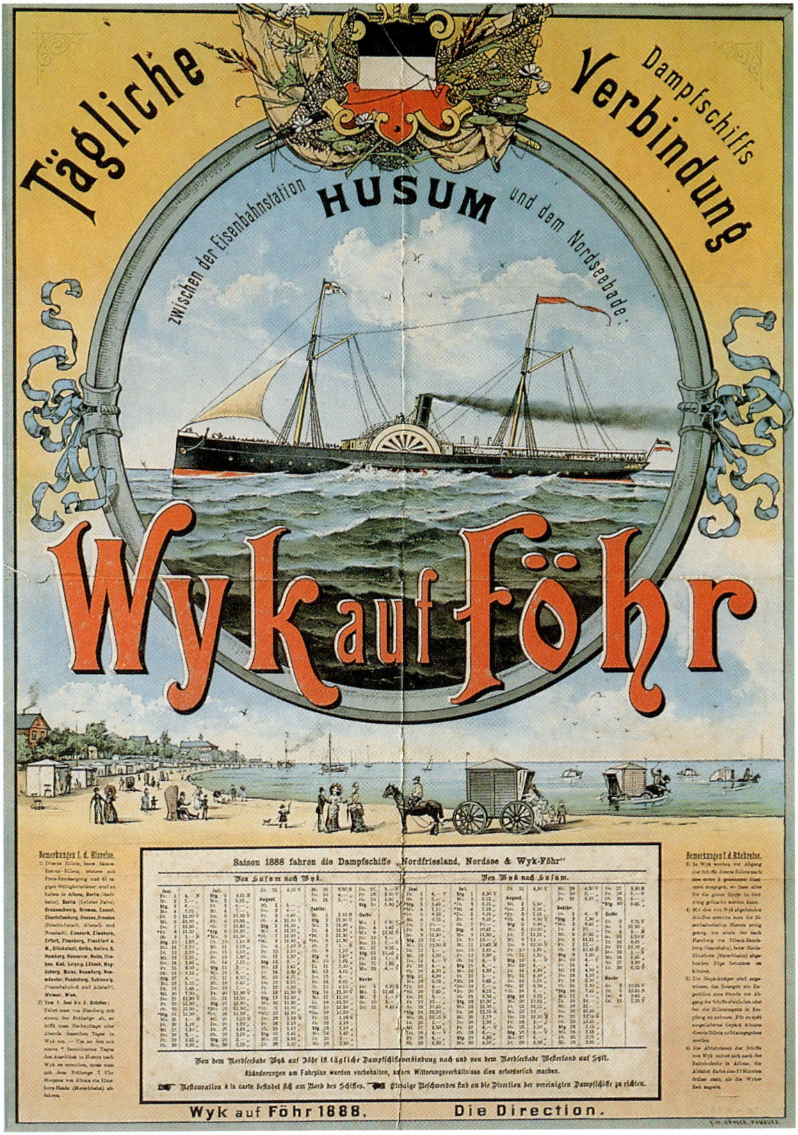

Abb. 18. Per Raddampfer von Husum nach Wyk – seit 1847 bestand diese Verbindung. Im Jahre 1888 war es durchaus eine bequeme Art des Reisens.

Abb. 19. Viele Reisende bevorzugten den Seeweg, wenn sie nach Föhr wollten. Das holländische Dampfschiff „De Beurs van Amsterdam“ verkehrte seit 1829 im Seebäderdienst zwischen Hamburg und Helgoland – von dort ging es dann per Dampfschiff weiter nach Wyk.

legebrücken in den Seebädern, nach Eröffnung erster Eisenbahnstrecken. Das schnaufende Stahlroß verband ab 1844 Altona mit Kiel. Die Strecke nach Lübeck über Büchen folgte 1851, von Hamburg direkt 14 Jahre später. Noch baute man Bahn- und Landstrecken in Ost-West-Richtung – Transportwege vom dänischen Inselreich hinüber zur Nordsee und nach Hamburg. Erst mit der Preußenzeit wurden die Schienenstränge und die Zufahrtstraßen in Nord-Süd-Richtung ausgelegt. Jetzt konnte man Flensburg per Bahn erreichen, 1877 auch Heide und Tönning. Schmalspurige Kleinbahnen entstanden mit der Zeit in vielen Regionen des Landes als Zubringer, auch auf Sylt und Amrum – ansonsten hatten Fuhr- und Frachtleute noch ihre große Zeit.

Wollte man beispielsweise um 1850 an die Nordsee reisen, so verließ man den Zug in Rendsburg, schiffte sich auf der Eider bis Friedrichstadt ein, rollte über die Chaussee nach Husum und nahm dann den Dampfer nach Föhr. Keine Tages-, sondern Tagereisen. Eine Variante war der Weg per Bahn bis Kiel, dann die Dampfertour bis Flensburg, der Landweg bis Husum oder über Tondern nach Hoyer. Das Nordseebad Dagebüll schlug 1911 außer dem Landweg für Seetüchtige auch den Seeweg vor: Hamburg–Cuxhaven–Helgoland–Wyk–Dagebüll. Mit Umsteigen auf Föhr. Schiffstypen, Schiffsgrößen, auch Routen änderten sich – unbequem und zeitaufwendig und wetterabhängig waren sie alle. In der Zeit gab es auch zwischen den nordfriesischen Inseln und dem Festland feste Fährverbindungen lange konkurrierender Schiffslinien. Aber noch waren die Inseln autofrei. Erst in den 30er Jahren rollten die ersten Kraftwagen über Bohlen an Bord und auf die

Abb. 20. Viele zeitraubende und beschwerliche Wege führten um 1900 zu den Inseln und in die Seebäder. Sylt erreichte man noch per Schiff über Hoyer – oder von Hamburg aus über Helgoland und Föhr. Eisenbahnlinien gab es schon, aber die Dämme nach Sylt und Nordstrand fehlten noch.

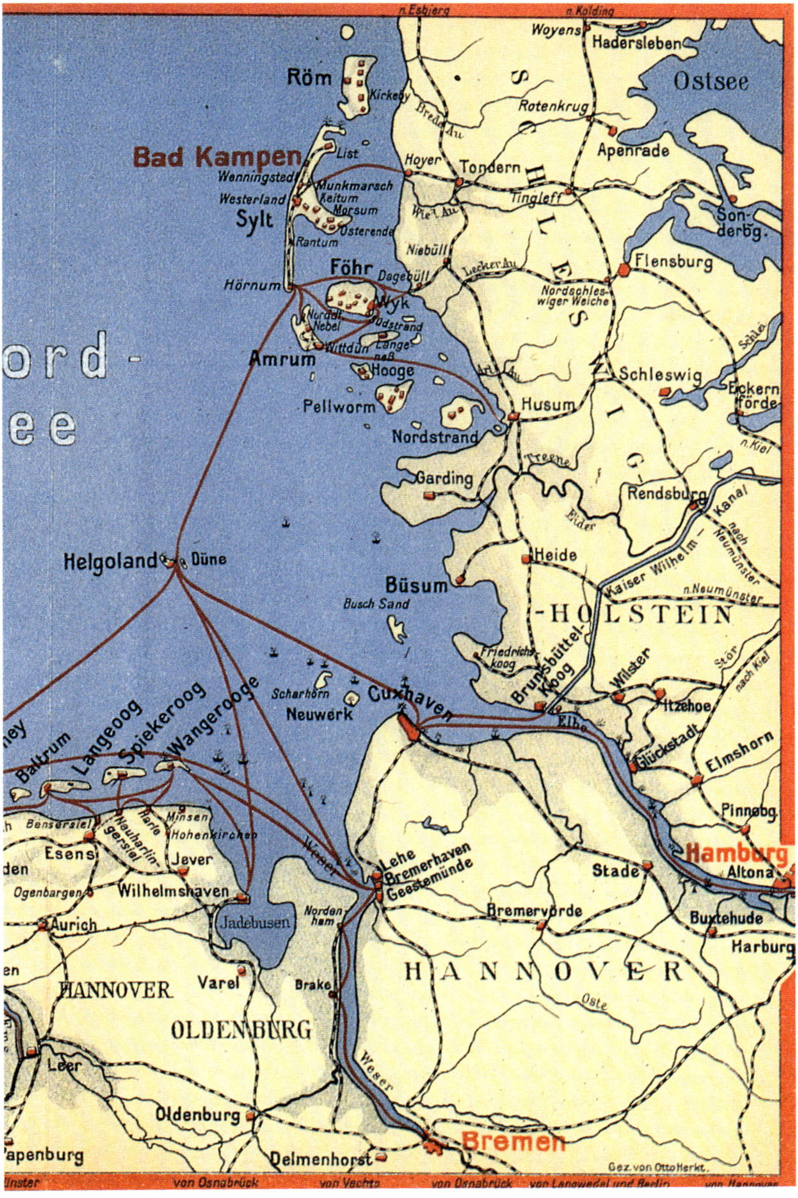
n. Esbjerg
n. Kolding
Woyens
Hadersleben
Ostsee
Röm
Kirkeby
Rotenkrug
Bad Kampen
List
Wenningstedt
Westerland
Sylt
Munkmarsch
Keitum
Morsum
Osterende
Rantum
Hoyer
Tondern
Apenrade
Tingleff
Sonderbg.
Niebüll
Föhr
Dagebüll
Flensburg
Hörnum
Wyk
Nordschleswiger Weiche
Norddorf
Nebel
Südstrand
Wittdün
Langeneß
Amrum
Hooge
Pellworm
Schleswig
Eckernförde
Husum
Nordstrand
n. Kiel
Treene
Garding
Rendsburg
Eider
Kanal
Kaiser Wilhelm
nach Neumünster
ord-
ee
Heide
Helgoland
Düne
Büsum
Busch Sand
n. Neumünster
-HOLSTEIN
Friedrichskoog
Brunsbüttelkoog
Wilster
Stör
nach Kiel
Scharhörn
Neuwerk
Cuxhaven
Itzehoe
Elbe
Baltrum
Langeoog
Spiekeroog
Wangerooge
Glückstadt
Elmshorn
Pinnebg.
Bensersiel
Neuharlingersiel
Harle
Minsen
Hohenkirchen
Esens
Jever
Weser
Lehe
Bremerhaven
Geestemünde
Hamburg
Altona
Stade
Ogenbargen
Wilhelmshaven
Aurich
Jadebusen
Nordenham
Bremervörde
Buxtehude
Harburg
HANNOVER
Varel
Brake
H A N N O V E R
Oste
OLDENBURG
Leer
Weser
Oldenburg
Bremen
Papenburg
Delmenhorst
Gez. von Otto Herkt.
von Osnabrück
von Vechta
von Osnabrück
von Langwedel und Berlin

Abb. 21. 1907 – Einbootung nach Helgoland in Büsum – Seereisen waren noch sehr beschwerlich: Unbequemlichkeiten und Seekrankheit gehörten fast immer dazu, und das Ein- und Ausbooten vor Büsum und vor Helgoland war strapaziös.

Insel. Die Wyker Dampfschiffs-Reederei transportierte 1932 ganze 36 Personenkraftwagen – bis zum Krieg blieb der Jahresdurchschnitt immer noch bei einem Auto pro Tag.

Helgoland – Paradies mitten im Meer

Ein wahres Schrecknis blieb lange die Fahrt nach Helgoland. Erst 1829 fuhr das erste Dampfschiff – bis dahin ging es im offenen Segelboot über die Nordsee zur Felseninsel. Nicht jeder blieb da wohlgelaunt und auf den Beinen. Kein Mittel half gegen Seekrankheit – auch nicht die Behauptung, es entspreche der Natur der Frauen. Auch nicht die Beschwörung der Mediziner, die Seeluft schaffe auf diese Art „das Unreine aus dem Körper weg", hiermit beginne schon die Erholung, das Erbrechen „resolvire die stockenden Säfte im Magen". Das Ausbooten auf schwankenden Planken vor Helgoland gab allen den Rest. Daß vor allem die Damen von den kräftigen Helgoländern Huckepack genommen oder auf starken Armen von Bord getra-

Abb. 22. Helgoland – Lithographie von Wilhelm Heuer, um 1840/50. Die große Treppe verbindet das Unterland mit dem Falm, der stattlich bebauten oberen Straße am Felsenhang.

gen wurden, machte meist nur den Zuschauern Freude. Die ergötzten sich ohnehin lauthals spottend am Anblick der blassen, seefahrt-erschöpften Neuankömmlinge. Nicht umsonst sprach man hier und in anderen Seebädern von der „Lästerallee", die mancher gesenkten Hauptes passieren mußte . . .

„Freunde, geht ins Seebad!
Jedes Leid und Weh
lindert und beschwichtigt,
scheucht und heilt die See.
Jedem wird Genesung
in der See zuteil,
jedem Rang und Stande
bringt das Seebad Heil.
Wer auf festem Lande
nirgend Heilung fand,
wird sie wahrlich finden
dort in Helgoland."

Abb. 23. Seit Helgoland Seebad war, kamen die Gäste in Scharen – das neue Conversationshaus, ganz im repräsentativen Stil der Jahrhundertwende erbaut, wurde zum Zentrum des gesellschaftlichen Lebens.

Hoffmann von Fallersleben schrieb nicht nur das Deutschlandlied auf der Insel Helgoland, sondern 1842 auch diesen Lobgesang.

Helgolands Start als Seebad wurde durch eine Notlage ausgelöst. „Als der Verfall der Nahrung auf der kleinen übervölkerten Insel drohender wurde, ergriff Siemens das in seinen Augen äußerste Mittel, der Insel aufzuhelfen, nämlich er stiftete die Bade-Anstalt . . ." Das war 1826. Jacob Andresen Siemens war Schiffbauer, später Ratmann, weltbefahren, grüblerisch, seine Seebad-Pläne wurden zunächst belächelt – obgleich man schon vereinzelt Gäste aufnahm: Im Juni 1797 liest man in einem Brief von der Insel: „Die braven Frauen reichen ihren Badegästen gute Kost in Ordnung und Reinlichkeit." 1792 hatten auch Bismarcks Großeltern ihren Badeurlaub auf dem felsigen Eiland im Meer verbracht.

1826 begann es offiziell mit vier Badekutschen auf der Düne, für bescheidene Unterkunft war gesorgt, später baute man auch ein Conversationshaus.

Abb. 24. 1895 auf der Düne vor Helgoland – man genoß das Strandleben gemeinsam, aber noch gab es keine Strand- und Badekleidung. Trotz Sonne und Sand trug man korrekt Anzug und lange Straßenkleider und kam mit Hut und Stock und Vatermörder . . .

Die Insel mit der großen Heilkraft aus Luft und Meer wurde „ein Rendezvous der ganzen leidenden Menschheit in Europa . . . Engländer, Franzosen, Russen, selbst Italiener und Spanier kommen in neuester Zeit dahin . . ." Auch Künstler aller Sparten „retten sich heraus aus ihren Zeitungs-Artikeln, ihren Büchern, ihren Noten, Concerten, Opern und großen Rollen, um hier auf dem einsamen, isolirten Felsen ihre angegriffenen Nerven, geschwächten Stimmen und beschädigten Lungen zu erfrischen und zu erstarken". Es gab eine Spielbank, ein Theater, Bälle und Konzerte führten die Menschen zusammen, Lustfahrten in offenen Booten rund um die Insel und Jagdausflüge waren die großen Vergnügungen. Nach 1834 ging es mit dem Raddampfer von Hamburg aus angenehmer und schneller, mit dem Seebäderdienst begann es 1866, die Gästezahlen stiegen. Inzwischen hatten die „Heuschnupfer" und die Naturforscher, die Ornithologen und die Meeresbiologen ihr begehrtes Ziel. 1892 wurde die Biologische Anstalt errichtet, 1910 die

Abb. 25. Mühselig die Rückkehr von der Düne zur Felseninsel Helgoland: über Bretter und Wagen ging es zu den Börte-Booten, und so manche Dame mußte von kräftigen Helgoländern huckepack an Land befördert werden.

Vogelwarte, für Naturfreunde war Helgoland ein kleines Paradies. Das ganz weltbewegend Aufregende passierte allerdings nicht. Über „Vergnügen auf Helgoland" schrieb man noch 1861 im Reiseführer: „. . . so ist es damit allerdings schlimm bestellt, wenn jemand nur eben deswegen die Reise unternommen haben sollte. Helgoland bietet im Ganzen wenig Stoff zur Zerstreuung, man muß sie mitbringen."

Geradezu paradiesisch fand man die Badegelegenheiten auf der Düne, der südöstlich vor Helgoland liegenden Sandinsel. Mit Schaluppen ließ man sich hinüberrudern, ausbooten, von Badekutschen aus tauchte man ins Wasser. Wenngleich man getrennt an Damen- und Herrenstrand in die wilde See stieg – das Strandleben auf der Düne bot Gelegenheit, sich zu präsentieren. Die Damen kleideten sich zeitgemäß, manche stiegen also – so ein wenig be-

Rechts: Abb. 26. Sensationeller Fortschritt – Ende des Jahrhunderts wurde im Seebäderdienst der Salon-Schnelldampfer „Freia" eingesetzt – mit kürzerer Reisezeit, mit Vibrationsstühlen gegen Seekrankheit und „neumodschem Komfort" . . .

HAMBURG-HELGOLAND
WYK auf FÖHR mit Anschluss nach SYLT
Cuxhaven anlaufend
Salon Schnelldampfer
„FREIA“
Von HAMBURG
jeden Sonntag, Montag, Mittwoch und Freitag Morgens 8 Uhr
von der St. Pauli Landungsbrücke
Directe Billets und Fahrpläne für die
FREIA
werden auf den grösseren
Eisenbahn-Stationen
ausgegeben.

Abb. 27. Wyk um 1900 – „Man wird in einem komfortablen Badewagen von einem Pferde durch den Badewärter einige Meter ins Wasser hineingefahren. Steigt man die kleine Treppe hinunter, so reicht das Wasser bis über die Knie . . .“

geisterter Beobachter – in „lächerlicher und unpraktischer Mummerei“ ins Bad: „In Helgoland schleppen sich die unglücklichen Opfer der Mode noch mit überlangen, Säcken ähnlichen Gewändern ins Bad; die Stoffe dieser schauerlichen Kostüme sind meistens gefärbt und färben dann im Seewasser auf die Haut ab, werden auch so dicht und filzig, durch die Nässe, daß die Hauptwirkung des Wassers und des Wellenschlages verloren geht. Eine geschmacklosere und thörichtere Mode ist kaum denkbar . . .“

Bademoden nach den Regeln der Sittlichkeit

Richtig modebewußt erschien man erst, als man sich zeigen durfte. Am Strand und beim Bad. Solange man von Badeschaluppen und -karren aus, einzeln und hinter Schirmen verborgen, für wenige Minuten ein- und untertauchte, brauchte man nur ein warmes Laken oder ein Handtuch hinter-

Abb. 28. Auch die Seebadeanstalt in Kiel an der Förde (nach 1865 am Düsternbrooker Holz abgebrochen und verlegt) hatte 1895 noch Badekarren, unter deren heruntergeklappten Schirmen man unbesehen ins Wasser tauchen konnte ...

her – die Badefrauen dienten damit. Auch sahen Badevorschriften, wie die Wyker, eigene „Fleischbürsten" zum Abreiben vor. Man kleidete sich um und aus in Hütte oder Zelt, auch im Karren direkt. Der wurde nach englischem Vorbild erstmals 1797 an den Strand gerollt – an der Nordsee der Wellen wegen meist vierrädrig, an der Ostsee genügten zwei Räder. Das Badepersonal betreute diese rollenden Stübchen, per Armkraft, mit Pferd oder Seilwinden. Mit Klingeln, Tuten und allerlei Badeutensilien sorgten sich Badediener und Badefrauen um das Wohl und Wehe der Badenden, auch über die Sittlichkeit und die Regeln: „Je froher und furchtfreier man ins Bad steigt, desto besser. Es empfiehlt sich, vor dem Bade das erste Frühstück etwas substantieller einzunehmen und ein Glas Cognac oder Sherry zu genießen, um das Herz genügend vorzubereiten." Im Damenbad tauchte auch schon mal ein Rettungsschwimmer auf – selbstverständlich mußte er verheiratet sein. Wenn doch 'mal ein „Kieker" erwischt wurde, mit Fernrohr in Strandnähe, dann gab es Strafen. Einer allerdings meuterte bei solcher Gele-

Abb. 29. Badekarren 1891 – „An der hinteren Seite ist eine Art von Zelt, das wie ein Reifrock aufgezogen und herabgelassen werden kann. ... An der Tür findet sich eine schwebende aber sehr feste Treppe, darüber ist ein freihängendes Seil befestigt, das den Personen zur Unterstützung dient, die, ohne schwimmen zu können, untertauchen wollen ...“

Abb. 30. Bademoden ganz nach Vorschrift und, wie in der Badezeitung 1906/07 zu lesen: „Der Luxus in Badekostümen steht in Blüte . . . man trägt die weiten Pumphosen, die sich fest an den Kniekehlen anschließen, oder die hochhinaufgehenden Beinkleider . . .“

Abb. 31. „Vorsichtig" heißt diese Karikatur: „Du, ich habe heute nacht geträumt, daß mein Mann ertrunken ist." – „Dann wird es allmählich Zeit, daß ich mich zurückziehe." (aus „Die Berliner Pflanze", 1908) Was hier im noch neuen Familienbad die Kleidung ganz vorschriftsmäßig verhüllt, das enthüllt die See.

Abb. 32. Gruppenbild mit Damen in modischer Vielfalt – hier war das Schöne noch allein für die Augen der weiblichen Konkurrenz bestimmt, denn das Bild stammt aus einem Damenbad um 1905.

Abb. 33. Viel dunkles Trikot für die Damen und reichlich Ringelstreifen für die Herren – im Familienbad hatte man gemeinsam den großen Spaß. Wie hier 1909 in Westerland wurden nach und nach überall die Trennungen zwischen Damen- und Herrenbädern aufgehoben.

genheit: „Die Damen sollten im Wasser nicht mehr decent erscheinen als in der Stadt auf Bällen und in Theatern. Dort gehen die Damen tief dekolletirt mit gänzlich entblößten Armen ungenirt mit Herren zusammen, wohingegen im Bade man häufig eingemummte Figuren beobachten kann, welche mehr den Clowns eines Cirkus ähneln als Gesundheitsuchenden." Um die Jahrhundertwende erkämpften sich Bädergemeinden und Badende die Genehmigung von Familienbädern. Endlich durften Kinder und Eltern zur selben Zeit am selben Strand spielen und baden gehen, durften gemeinsam in den nun üblichen Bade- oder Strandkörben sitzen, die schon vor der Jahrhundertwende zum Schutz gegen Sonne und Wind entwickelt worden waren. Und sie durften auch Burgen bauen und eine ganz neue Art der Geselligkeit pflegen. Mit strengen Auflagen und in korrekter Kleidung, versteht sich. „Es werden zum Baden nur Anzüge zugelassen, welche von dunkler Farbe sind. Der Stoff darf nicht durchsichtig sein und in nassem Zustand nicht ankleben. Die Damen müssen hochgehende Anzüge mit kleinen Ärmeln und Beinkleidern haben, kleine Schöße sind erwünscht! Es ist zu empfehlen, daß die Damenanzüge aus einem Stück gemacht sind und die kleinen Schöße sich am Gürtel befinden! Die Herrenanzüge müssen ebenfalls hoch sein, kurze Ärmel und bis fast zum Knie gehende Beinkleider haben. Dichter, schwarzer, dunkelblauer oder dunkelroter Trikot, aber ohne helle Strei-

Abb. 34. Strandleben an der Kieler Förde im Jahre 1911 – noch waren die Erwachsenen mehr an- als ausgezogen. Nur Kinder und Jugendliche durften schon Badehosen tragen, selbst vor der Kamera.

Abb. 35. So traf man sich 1905 im Familienbad, ganz nach der Regel gekleidet, wie man es zum Beispiel in Büsum verordnet hatte: „... Es werden nur Anzüge zugelassen, welche von dunkler Farbe sind ... Der Stoff darf nicht durchsichtig sein und in nassem Zustand nicht ankleben ...“

fen, wird zugelassen.“ Sehr kritisch urteilten puritanische Zeitgenossen über „Auswüchse und Unsitten“ in den Bädern. Aber mit der Zeit siegten die Wassernarren: „In freier See gegen die Kraft und Gewalt des Weltmeeres ankämpfend und anschwimmend gehört zu den überraschendsten und wohlthuendsten Genüssen des Badens ...“

Büsum – Charme der ländlichen Einfachheit

Da stellt einer Badekarren hin und will ein Seebad gründen – und keiner kommt. Büsum anno 1818 und 1828! Zwar gab es schon ein Hotel in dem kleinen Küstenort, ein paar sommerliche Badegäste, aber Seebad mit Badeanstalt wurde Büsum erst 1837. Wirtschaftlich schwierige Zeiten ließen eine Handvoll Büsumer eine private Aktiengesellschaft gründen, zwei Badehäuser für warme und kalte Bäder aufstellen und ein kleines Badezelt auf einem

Abb. 36. Ansehnliche Hotels am Hafen bezeugten Büsums Aufschwung – mit der Eisenbahn kam der Erfolg. 1883 war Büsum das erste Nordseebad, das per Schiene zu erreichen war. Damit begann der Ausbau – und Büsums Zukunft.

Floß. „Billige Zimmer“ mit Petroleumleuchten, Waschwasser aus der Kanne, Regenwasser für die Zähne und dem „Räuber“ unter dem Bett bot man an. Man kochte privat, ging zum „Mittagstisch im Hause der Witwe Hinrichs“ oder später zur Table d'hôte ins Hotel Stadt Hamburg. Noch war die Anreise schwierig. Per Postkutsche von Hamburg brauchte man viele Stunden, die Bahn ging lange nur bis Itzehoe, später bis Heide, der Fuhrmann kutschierte die Gäste hin und zurück. Erst 1883 wurde Büsum selbst Bahnstation – die „Dithmarsische Zeitung“ schwärmte: „Jetzt hat sich dort ein aufblühendes Seebad gebildet und erfreut sich vielfachen Zuspruchs nah und fern herkommender Badelustigen, denen der Genuß der Seeluft und die wohlfeile Einfachheit des Lebens die Genüsse größerer Badeorte ersetzt.“ Gegen mögliche Langeweile baute ein „Badewirth“ ein kleines Privattheater, veranstaltete Tanzkränzchen und Konzerte, Pferde-Trabrennen fanden statt, ab 1894 Segel- und Ruderregatten. Frauen zogen mit der Glieb zum Priel zum Krabbenfang, die Männer auf Enten- und Seehundjagd. Aber man

Abb. 37. Bunte und informative Nachricht für die, die zu Hause blieben: Um 1900 zeigte der Gruß aus dem Nordsee-Bad Büsum das repräsentative Hotel ebenso wie die Beschäftigungen in der Freizeit. Geschrieben wurde noch auf der Bildseite, erst ab 1905 gab es die halbierte Adressenseite.

blieb bescheiden und sehr unter seinesgleichen. Eine Rasenfläche bildete den eigentlichen Tummelplatz der Badegäste; hier standen die Strandkörbe, Schutzhütten, Ruhebänke und Erfrischungsbuden und unmittelbar an der See die Badehäuschen für Männlein und Weiblein, fein reinlich geschieden. Ein Sommergast: „Auf den Watten spielt sich das für Büsum charakteristische Wattenlaufen ab, dem boshafte Spaßvögel den Namen Wadenlaufen gegeben haben! Seinen Höhepunkt erreicht es, wenn ein Wattenball arrangiert wird, dann zieht eine aus 5 Bläsern und einer großen Trommel bestehende Musikbande voran über den Meeresgrund, und alles Gebein trabt im gleichen Schlick und Tritt." Dabei war man schicklich: „Damit Anstand und Sitte besonders rigoristischen Gemütern gegenüber nicht verletzt werden, hat man ei-

Abb. 38. Einen Skandal verursachte dieses Büsumer Plakat 1908! Mit Entsetzen reagierten Sittenwächter auf die nackten Waden der Wattenmaid – wer wagte damals, soviel Bein zu zeigen . . .

Nordseebad
BÜSUM
Wattenlaufen
Prospekte gratis durch die Badekommission

Nordseebad Büsum
Wattenläufer am Priel

Abb. 41. Die Berme, die „sammetweiche, staubfeine grüne Rasenfläche von weiter Ausdehnung“, war das Markenzeichen Büsums. Um 1909 war es der Sammelplatz der Badegäste. Hier standen die Strandkörbe und Ruhebänke, auch die Erfrischungsbuden und unmittelbar an der See die Badehäuschen.

gene Kostüme, analog der Kleidung für Damen, welche dem Radfahrersport huldigen, welche sich durch passend angebrachte Haken, Schnüre und Zuglitzen beim Wiederbetreten des Strandes durch einige Handgriffe wieder in natürliche Strand- und Promenadenkleider verwandeln lassen.“ Man zeigte kein Bein! Ein Sturm der Entrüstung brach los, als Büsum 1908 mit einer leicht geschürzten Wattenmaid in die Plakat-Werbung ging! Büsum behielt sein „ländliches Gepräge“, wollte kein „Luxusbad mit aufregenden Vergnügungen“ werden. Mit Erfolg pflegte es den zeitgemäßen Sommerfrische-Stil.

Links: Abb. 39 und Abb. 40. Das war ein großes Vergnügen für jung und alt, und seit wilhelminischen Zeiten eine Büsumer Spezialität: das Wattenlaufen. Der Badeverwaltung ging es auch um Spaß und Spiel, aber Mediziner erkannten den Spaziergang durchs Watt zugleich als gesunden Sport. Ein Kurgast hatte schließlich 1900 die zündende Idee: Er nahm Musikanten mit und erfand die Wattenpolonaise mit Spiel und Tanz.

Die Sommerfrische gab es für jedermann

Sommerfrische – eine gewandelte Urlaubsform, in der Sommerreisen und Erholung nicht mehr ein Privileg der „Upper Class" blieben. Der bayerische Reiseschriftsteller Ludwig Steub hatte Mitte des vorigen Jahrhunderts den neuen Begriff geprägt. Sommerfrischen waren zunächst die kleineren klimatischen Kurorte, die in Sommerzeiten zu Heilungszwecken aufgesucht wurden. Nicht die Prominenten-Bäder, nicht die feudal-bourgeoise Badereise. Mit fortschreitender Industrialisierung suchten immer mehr Stadtbürger nach einem Aufatmen in ländlicher Luft, nach ein wenig Erholung in bescheidener Behaglichkeit, nach Abwechslung bei einfachen Unternehmungen. Da reichten auch schon Familienausflüge an Wochenenden und kurze gemeinsame freie Tage in Gasthäusern im Grünen. Geregelte freie Zeit gab es lange nur für wenige. Urlaub wurde für mittlere Schreibtisch-Berufe erst um die Jahrhundertwende zum erkämpften Recht. Das Reichsbeamtengesetz von 1873 ließ erstmals die Gewährung einiger freier Tage im Jahr zu. Ein ärztliches Attest verhalf auch manch' höherem Beamten zu einer Bäderreise. Bis zum Krieg konnten etwa 2/3 aller Angestellten und fast alle Beamten jährlich 1–2 Wochen Urlaub machen – aber Arbeiter nicht. Sie hatten im Deutschen Reich keinen Urlaubsanspruch. Die Chemnitzer Handelskammer 1906: „Es geht viel zu weit, einen Erholungsurlaub für Leute einzuführen, die nur körperlich tätig sind. Für Beamte, die geistig tätig sind, erscheint die Erteilung gerechtfertigt. Für Arbeiter ist ein solcher Urlaub in der Regel nicht erforderlich. Die Beschäftigung dieser Personen ist eine gesunde . . ." 71 Stunden arbeitete ein Industriearbeiter wöchentlich. Als das Kaiserreich zusammenbrach, als die Gewerkschaften sich auch der Rechte der Arbeitnehmer annahmen, regelten Tarifverträge endlich auch den Urlaubsanspruch der Arbeiter.

Sylt – aus dem Inselschlaf erwacht

Da gab es nun also die Sommerfrischen, da gab es Föhr und Helgoland für den Fremdenverkehr (ein erstmals 1841 von dem Geographen J. G. Kohl verwendeter Begriff) – aber Sylt wurde noch kaum bereist, und Amrum schlief seinen Inselschlaf. Es lag an der Verkehrsferne. Reisetorturen waren nötig, um zu den Inseln zu kommen.

Der Schriftsteller Julius Rodenberg kam als einer der ersten: „Wie einsam

Abb. 42. Werbung nach Art der Zeit – der Postkarten-Comic aus dem Jahr 1911 zeigt die veränderten Akzente des Kurortlebens. Es gab nun eine neue Tourismus-Form, den Kurtourismus.

Eine Kur in Bad Büsum
Erholung nötig, konſtatiert!
Darum Seebad man probiert
Seebad Büſum ſehr bewährt
Älteſte Erfahrung lehrt!
Bahnfahrt glücklich überſtanden
Aber Nerven ſehr zu ſchanden.
Langſam geht nun Mann & Frau
Auf die Wohnungs Schau.
Morgens früh i. Wattenlaufen
Vorher Waſſerhoſen kaufen.
Zwiſchendurch ſehr geſund
Fahrt m. Segelſchiff Seehund
Nachmittag am Strand –
Kokettiert wird allerhand
Familienbad, ach wie ſchön,
Vieles mehr, iſt zu ſeh'n!
Kräftig eſſen, fröhlich ſein,
Lange bleibt man nicht allein
Friſch gekocht ißt man die Krabben
Friſche Luft iſt hier zu ſchnappen
Ab & zu Kaffee & Kuchen
Schön'res Bad ſoll m. ſich ſuchen.
Wer geſund nach dieſer Form
Sich erholt hat, ganz enorm

Abb. 43. Keitum von Südosten gesehen – Lithographie von Wilhelm Heuer nach J. F. Fritz, 1865. Weit am Horizont erkennbar ist das reich bebaute Keitum, einst Hauptort der Insel Sylt. Rechts die Kirche St. Severin.

ist es auf Sylt! Am Abend, als ich ankam, und ein Rauschen, halb des Meeres, halb des Windes, auf dem sanften Rasenboden aber keines Menschen Tritt gehört ward, während mich das Geheimnis der Dunkelheit und des Ungekannten umgab: da hatte ich die Empfindung, als könne man hier ein neues Leben voll schweigender Glückseligkeit beginnen." 1859 war das. 1855 hatte der Landvogt von Levetzau erste Badekarren bei Westerland aufgestellt und Strandzelte zum Umkleiden, für die man Badekarten kaufte. Die ersten Kurkarten. Gründungsdatum des Seebads Westerland. Noch war Keitum der Hauptort der Insel, noch fuhr man per Wattdampfer von Hoyer nach Munkmarsch, noch waren Pferdefuhrwerke die einzigen Fahrzeuge auf der Insel. Und die Westerländer wohnten strandfern und vor Fluten geschützt. Theodor Mügges Aufruf „Legt Seebäder an, und eure Möwen und Seeschwalben werden goldene Flügel bekommen" klang noch wie ein Sommermärchen. Wulf Manne Decker, Sohn des Strandinspektors: „Es war in den Jahren 1854 und 1855, als zuerst Curgäste auf unserer Insel sich einfanden, die vorzüglichen Eigenschaften des hiesigen Seebades nicht genug loben konnten; aber wieder wegzogen, da für den Comfort der Ankommenden nicht im geringsten gesorgt war. Diesem Uebelstand abzuhelfen vereinigten sich einige Actionäre im Jahre 1856, machten provisorische Einrich-

Abb. 44. Die neuen Gäste kommen – und wie hier 1894 in Munkmarsch warten viele Schaulustige voller Schadenfreude auf der „Lästerallee“ auf die müden, geschwächten Seereisenden ...

tungen, richteten namentlich eine Localität zur Aufnahme und Bewirthung von Badegästen ein, gewannen einen tüchtigen Wirth, Peter Karsten Steffensen, und hatten Genugthuung, daß diese Einrichtungen den Erwartungen der Badegäste entsprachen ...“ Der Altonaer Arzt Dr. Ross wurde zu einem der bedeutendsten Förderer Westerlands: „Erkennt es dankbar an, daß die gütige Natur eure Insel mit so herrlichen Eigenschaften zu einem Seebade ausstattete ... Im Verkehr mit den Badegästen wird euer Gesichtskreis sich erweitern ... Der gesunde Sinn aber wird euch leiten, von dem dargebotenen Neuen bloß das Gute zu behalten.“ Er lobte die hervorragenden Strandverhältnisse, die „freundlichen, reinlichen Wohnungen mit aufmerksamer Bewirthung. Speciell hat die Badedirection es sich angelegen sein lassen, für eine hinlänglich große Anzahl guter Matratzbetten Sorge zu tragen. Ein in diesem letzten Winter neu erbautes Conversations- und Restaurationslocal, die Dünenhalle, enthält ein Billardzimmer, ein Lesezimmer, einen hohen, nur nach Norden fensternden, deshalb kühlen und luftigen Speisesaal, im obern Stock ein Damenzimmer und einige Logierzimmer für ankommende Fremde ...“ Mahner fürchteten um die Sittlichkeit der Insulaner, um die Er-

Abb. 45. Westerland 1894 – mit den ersten groß angelegten Hotels und Logierhäusern in Strandnähe begann das Neu-Westerland der Fremden, das große Mode- und Vergnügungsbad jener Zeit.

haltung des Inseltypischen, auch der Inselchronist C. P. Hansen schrieb seinen Insulanern ins Gewissen: „Möchten die Westerländer klug genug sein, keine nationalen und sittlichen Vorteile gegen bloße pekuniäre und äußerlich glänzende zu vertauschen!“ Sprach's – und wurde wohl nicht verstanden. Westerland erreichte „einen gewissen Ruhm in der Welt“, in der preußischen Zeit war der Badeverkehr die wichtigste Erwerbsquelle. 1899 liest man: „Bald gelangen wir nach dem Hauptbadeorte Sylts, nach Westerland, welches mit seinen palastähnlichen Gebäuden, die eins über das andere hinausragen, das Aussehen einer neuen, sauber eingerichteten Stadt erhalten

Rechts: Abb. 46. Mondän und vielseitig stellte sich Westerland 1894 in einer Zeitschrift vor – mit imposanten Bauten und vielversprechenden Möglichkeiten für die Strandgäste.

3.
4.
Th. Volz

Abb. 47. Wer hören und sehen und gesehen werden wollte, der traf sich in Westerland auf der Promenade und beim Musikpavillon. Wie hier 1909. Zwei Jahre später sorgten große Feuer und eine Sturmflut für weite Zerstörung. Der Neuaufbau der Kurpromenade schuf dann ein gewaltiges neues Panorama für das Nordseebad.

hat. Vor Jahren nichts als Sand, jetzt breite Fußwege aus Mauersteinen zu beiden Seiten der geraden Straßen, die zu jeder Tageszeit von dem Fremdenverkehr belebt sind. Die ganze breite Landfläche, welche sich früher unbebaut zwischen dem Strande und dem alten Dorf Westerland ausbreitete, ist jetzt dicht von Häusern erfüllt: seit 1880 entstanden hier 150 neue Wohnhäuser und Hotels. In den Sandstraßen findet man Laden neben Laden. Das neue Postgebäude, die Apotheke, die Elektrizitätswerke sind sehenswert.“ Das Strandleben pulsierte. Fahnen vieler Länder flatterten an den Strandzelten und über den Sandburgen der Kinder, Mengen von Menschen aller Nationen trafen sich auf der Promenade, lagerten und plauderten in Strandkörben und Strandstühlen. Westerland wurde der mondäne internationale Sommer-Treffpunkt, Weltbad für die Spitzen der Donaumonarchie und Preußens. Der Verkehr machte es möglich. 1887 erreichte die Westküsten-

Abb. 48. Die Friedrichstraße war schon um 1900 Westerlands Hauptstraße – kaum zu glauben: noch wenige Jahrzehnte zuvor war das ganze Gebiet zwischen dem alten Dorfkern und den Dünen gänzlich unbebaut. Jetzt fanden Handel und Wandel hier ein pulsierendes Zentrum.

bahn Tondern, 1892 kam der Anschluß von Hoyer-Schleuse. Auf schmaler Spur schnaufte der Insel-Expreß über Sylt und sammelte ab 1901 auch die Reisenden ein, die mit der Hamburg-Amerika-Linie über Helgoland nach Sylt kamen. Der Gast bewies seinen Status durch die Zahl der Dienerschaft und des Gepäcks, durch die Wahl des Etablissements und der exklusiven Vergnügungen. Die Gewohnheiten der höheren Badeherrschaften gaben den Ton an. Wem Westerlands „Säsong" zu spektakulär wurde, der zog sich zurück. In das unaufgeregte Wenningstedt, seit 1859 Seebad und stilles Ziel für Familienreisende, oder in das zum beschaulichen Refugium gewordene Keitum. Vor allem Künstler und Prominente fanden im 1904 konzessionierten Kampen ihren Zufluchtsort. Auch Ferdinand Avenarius und die Anhänger der Jugendbewegung und frühe Förderer des Naturschutzes. 1919 wurde unter dem Lebensreformer Knud Ahlborn auch das Jugendlager

Abb. 49. Sommer 1914 – das Weltseebad Westerland erlebte seine letzte Saison vor dem Krieg. Im September wurde das Seebad geschlossen, die Badegäste verließen Sylt. Die Insel wurde zur Festung umgebaut.

Klappholttal ausgebaut. Inseleigener Naturismus fand seine Anhänger. Der Bau des Hindenburgdammes brachte dann ab 1927 Sylt jedermann nahe. Neue Gäste kamen, ein neuer Stil, die Belle Epoque war vorüber. Die ersten Schicken und Schönen fanden ihre Spielstätten. Bis hier – wie überall im Lande – die politischen Veränderungen auch dem Fremdenverkehr ihre Stempel aufdrückten.

Badekarren, Nackte und der Zwickelerlaß

Auch den Poweißlingen. Denn auch das Nacktbaden wurde neu geregelt. Erst versank man im „Muff der Prüderie“, wie moderner Denkende zürnten, dann kam eine „anziehende“ preußische Verordnung, dann durfte man sich zu Zeiten der Braunhemden ausziehen . . . Von Anbeginn der Seebädergeschichte hatten Mediziner das Baden ohne alles gefordert. Die erregende See sollte den Körper mit voller Kraft treffen und ihn so heilen. Dr.

Abb. 50. Viel Prominenz besuchte in den zwanziger Jahren die Insel Sylt – vor allem nach dem Bau des Hindenburgdamms. 1928 machte auch Marlene Dietrich mit ihrer drei Jahre alten Tochter Maria Urlaub in Westerland.

Vogels Baderegeln für Doberan sahen das ebenso vor, wie Dr. Jenners Anweisungen für Sylt. Aber da stieg man noch einzeln ins Meer, vom Karren aus. Erst, als man mit anderen verkehrte, am Strand und im Meer, da verhüllte man schamhaft, was nicht gesehen werden durfte. Die Jugendbewegung erkämpfte sich die Freikörperkultur in umzäunten Arealen und nannte Badetrikots sogar gesundheitsschädlich und „höchst unmoralisch". Es sei längst bewiesen, „daß der unbekleidete Körper viel unauffälliger und auf beide Geschlechter beruhigender und natürlicher" wirke! Die prüde Verordnung des preußischen Innenministers setzte schließlich 1932 allem den Riegel vor: „Das öffentliche Nacktbaden ist untersagt. Frauen dürfen öffentlich nur baden, falls sie einen Badeanzug tragen, der Brust und Leib an der Vorderseite des Oberkörpers vollständig bedeckt, unter den Armen fest anliegt, sowie mit angeschnittenen Beinen und einem Zwickel versehen ist. Der Rückenausschnitt des Badeanzugs darf nicht über das untere Ende der Schulterblätter hinausgehen. Männer dürfen öffentlich nur baden, falls sie wenigstens eine Badehose tragen, die mit angeschnittenen Beinen und einem Zwickel versehen ist. In sogenannten Familienbädern haben Männer einen Badeanzug zu tragen." Der „Zwickelerlaß" war allerdings vielen Lichtfreunden im Wege. Auch dem Reichsmarschall, dem Sylt- und Sonnenliebhaber Hermann Göring. 1942 ordnete Reichsführer Heinrich Himmler an, öffentliches Nacktbaden sei jenen erlaubt, die „annehmen können, daß sie von unbeteiligten Personen nicht gesehen werden, insbesondere auf einem Gelände, das hierzu freigegeben worden ist". Auf Sylt lebte mancher schon lange nach der Devise: „Das nackte Baden erzieht ein neues Menschentum!"

Amrum – die Insel der Stille

Kritiker werteten die nackten Gedanken immer schon als Sittenverfall, beklagten auf Sylt die „Sittenverderbnis" und nutzten solches als Mahnung gegen die Errichtung weiterer Seebäder. Wie zum Beispiel auf Amrum. Noch kurz vor der Jahrhundertwende war die „Schweiz im Kleinen" (so schwärmerische Anhänger der Dünengebirge) so gut wie unentdeckt. Man wollte unter sich bleiben, betonte „eine unüberwindliche Abneigung gegen fremdes Wesen und besonders gegen den Badeverkehr". Dagegen Badearzt Dr. Kurt Schlutius: „Bei dem steten Andrange und dem sich alljährlich steigernden Zuge von Heilungs- und Erholungsbedürftigen nach den Seebadeorten nimmt es nicht wunder, daß die bisher bestehenden Seebäder von Ruf bald an einer so großen Frequenz und daraus resultirenden Unruhe zu leiden hatten, daß sich dieser Umstand vielerorts zur größten Unbehaglichkeit für das ruhebedürftige, städtemüde Publikum steigerte ... Die im Norden gelegene Insel Sylt wächst an Frequenz jährlich derartig, daß auch in Kürze die idyl-

Abb. 51. Sand und Strand, soweit das Auge blickt – in Norddorf auf Amrum konnte man um 1909 noch riesige Sandburgen bauen und sich mit Schaufel und Eimer und emsigem Fleiß ein eigenes Strandreich schaffen. My home is my castle . . .

lische Ruhe verdrängt sein wird . . . Wyk auf Föhr, welches ebenfalls ziemlich stark besucht wird, trägt mehr den Charakter eines ‚Seebades für Familien mit Kindern'." 1889 begann es. „Der eingeborene Herr Kapitän Volkert Quedens" eröffnete auf der bis dahin unbebauten Düne ein Wellblechhotel mit Badeanlage und nannte es „Hotel Wittdün" (der Beginn des heutigen Inselortes). Pastor von Bodelschwingh, der Gründer der Bethelschen Anstalten, erhielt eine Konzession für Norddorf, ein „Christliches See-Hospiz" wollte man gern haben. Amrums erste Seebad-Saison begann, wechselvolle Jahre folgten. Das Retorten-Bad mit vielen Hotels und Pensionen, mit dem Kurhaus, dem Badehaus, Kurkapelle und Läden wurde schnell ein traumhaftes neues Sommerziel. Eine Schmalspur-Inselbahn führte zum Kniepsand, die komfortablen Badewagen zogen Pferd und Badewärter zum Meer hinaus. Wenn die Fährdampfer an der sturmflutgesicherten Landungs-

Abb. 52. Es begann spät auf Amrum mit dem Fremdenverkehr – aber dann mit großen Ideen und repräsentativen Bauten. Wittdün – hier das Hotel Victoria und das Hotel Vier Jahreszeiten um 1900 – entwickelte sich schnell aus dem Nichts zu einem der angesehensten Nordseebäder.

brücke anlegten, dann vermittelten die aufgereihten Hoteldiener in Livree ein wenig Weltbad-Flair. „Man" logierte im Hotel Satteldüne zwischen Süddorf und Nebel, einem imposanten Gründerzeit-Bau im Schweizer Fachwerk-Stil mit Erkern und Balkonen und allem damaligen Komfort. Trotz allem aber waren die Sommer immer viel zu kurz, der Gewinn war gering. Erst nach dem Krieg fand man wirtschaftlichere Wege für den Fremdenverkehr. Erfolgreich dagegen war in Norddorf Pastor Friedrich von Bodelschwingh mit seiner Hospiz-Idee. Bis 1907 konnte er – unter der Protektion der Prinzessin von Preußen – vier Häuser bauen, die schließlich bis zu 400 Gäste beherbergten. Die Abgeschiedenheit, die „Vermeidung mancher Ausgaben und Belästigungen, die sonst öffentliche Kurorte mit sich bringen", waren Labsal für ruhesuchende Gäste. Die Hospiz-Leitung: „Es sei hier an dieser Stelle gleich bemerkt, gegenüber dem boshaften falschen Gerede, daß im

Abb. 53. Souvenir-Rose von der Insel Föhr – bevor Ende des vorigen Jahrhunderts die Postkarten aufkamen, erfreute man gern mit so kunstvoll geschnittenen Rosen. Zum Rosen-Dreieck zusammengefaltet wurden sie im Umschlag verschickt. Die Verduten auf beiden Seiten zeigen Ansichten von Föhr und von den Halligen – somit ist dieser Faltschnitt ein besonders schöner und zugleich brauchbarer Souvenirartikel, aber nur selten erhalten.

Abb. 54. In den 80er Jahren des vorigen Jahrhunderts entstanden in vielen Küstenorten regionale Schmalspurbahnen, die den Anschluß zu den neuen Eisenbahnstrecken herstellten – 1886 zum Beispiel der „Molli" zwischen Doberan und Heiligendamm. Auf Amrum fuhr der „Bade-Expreß" seit 1894. Als dann die Sylter Kleinbahn bis Hörnum gebaut war, richtete man eine Schiffsverbindung von Norddorf ein.

See-Hospiz absolut kein frömmelnder Ton oder ein Muckerthum vorherrscht, sondern es wird der Charakter einer Erholungsstätte bei großer Pflege der Geselligkeit, Freundschaft und des Frohsinns gewahrt, wobei die Seelsorge nicht außer Acht gelassen wird." Norddorf war für Sommerfrischler eine ganz eigene Inselwelt, auch sonst, mit seinen Privathäusern und -Pensionen und mit Hüttmanns 300-Betten-Seepensionat, das zum Synonym für Amrum wurde. Kenner der Insel kehrten dennoch besonders gern in Steenodde ein: der mehr als 200 Jahre alte Gasthof „Zum lustigen Seehund" der Familie Quedens war das Originellste, was Amrum zu bieten hatte.

Abb. 55. Bis zum Kniepsand fuhr die Amrumer Schmalspurbahn, man sparte die Fußmärsche auf der weitläufigen Insel und ließ sich per Dampf und Expreß bis zur Sandburg fahren ...

St. Peter – Oase am Ende der Welt

Eine spät entdeckte Oase war auch St. Peter. 1896 schrieb Detlev von Liliencron über den Flecken an Eiderstedts Küste: „Vier Häuser, viel Sand und das heilige Meer." Die schlechte Verkehrsverbindung war der Grund für die späte Entwicklung.

1837 hatte schon Lehnsmann Peter Stöhrmann nordöstlich von Ording Badekarren und ein Zelthaus aufgestellt, er bot auch Logis an und Unterkunft von Pferd und Wagen. Aber wer wagte schon den weiten, beschwerlichen Weg ... 1876 entstand dann eine Seebadeanstalt in Ording, man stellte auch Badezelte auf – aber es kam immer noch kein Gast. Erst 1877, mit der Eröffnung des Strandhotels von Friedrich Jensen, gab es St. Peter-Bad, das Dr. Scheby-Buch aus Hamburg als „einziges Küstenbad, welches durch seine Lage am offenen Meere den Namen eines Nordseebades verdient", beschrieb. Er lobte vor allem die Ruhe, die hier die „von der Hektik der Großstadt befallenen Menschen" heilte. Nach und nach wurde das neue Reiseziel ausgebaut, Logierhäuser im Schweizer Stil entstanden, man bot Mittagsti-

Abb. 56. St. Peter (Ording) 1907 – noch bestimmen die „wundervolle Einsamkeit und die Feiertagsstille der Dünen" das Bild des jungen Seebads. Der Ordinger Hof und das Hotel Utholm stehen alleine auf weiter Flur.

sche an und Bademöglichkeiten und bescheidene Vergnügungen. Aber noch ein Jahrzehnt nach der Gründung galt St. Peters Einsamkeit als größter Vorteil: „Die Badehotels liegen zwischen Vordünen und Dünen. Diese einsame Lage macht zu Anfang auf die ankommenden Badegäste einen etwas trostlosen Eindruck, allein es dauert nicht lange, und diese weltabgelegene Lage bildet das Fesselnde, welches die erholungsbedürftigen Badegäste immer wieder zu diesem stillen und stärkenden Bade hinzieht. Kein anderes Nordseebad ist so sehr geeignet, auf die von der Großstadtluft angekränkelten Ankömmlinge, deren Nerven durch die aufreibende Berufstätigkeit gelitten, so heilsam und beruhigend wirken wie das stille und einsam an den Dünen liegende Nordseebad Sanct-Peter . . ." 1892 endlich erreichte man Garding per Bahn, die Sommerfrische St. Peter rückte näher, erblühte, baute aus im Stil der Gründerzeit. Man segelte, promenierte, kehrte zu Eiergrog und Eierpfannkuchen bei Mutter Cornils im Kirchspielskrug ein und badete vom Badekarren aus am endlos weiten Strand. Pferd und Bademeister zogen die vierrädrigen Karren ins Wasser. „Da Herren- und Damenkarren nicht allzuweit voneinander entfernt sind, müssen die Damen leider Badekostüme tragen, welche die volle Wirkung des Seebades erheblich abschwächen." 1911 nahm man erstmals kranke Kinder in einem Seehospiz auf; das noch ganz kleine St. Peter wurde für die Kleinsten ganz groß als Kinder-Kurbad. Man versuchte auch, die immer viel zu kurze, viel zu unwirtschaftliche Saison auszuweiten – schon Dr. Gmelin auf Föhr hatte 1904 heilsame Winterkuren empfohlen. St. Peter pries sich nunmehr als nervenstärkendes Nordseebad als Konkurrenz zu den sehr geschätzten Winterzielen Meran und Riviera an: „Die Winter sind sehr dazu angetan, die Nerven zu stärken und eine gründliche Erholung zu gewähren." Mit seinen vielen Sanatorien war St. Peter für die kalte Jahreszeit bestens gerüstet.

Ostseebäder – die Idylle gleich nebenan

Die Verschiedenartigkeit der beiden Küsten stellte sich früh heraus. 1890 las man in einer schleswig-holsteinischen Bildsammlung: „Während die Schönheit der Nordsee stürmt, großartig, monoton und erhaben ist, trägt die Ostsee einen anmutig zurückhaltenden Charakter. Die Nordsee, kräftig, laut, zudringlich, ist einem Manne vergleichbar, die Ostsee einer Frau oder einer Jungfrau."

An der „ruhigeren" Ostsee dauerte es eine ganze Weile, bis den tatkräftigen Travemündern weitere Seebad-Gründer folgten. Die Verkehrsprobleme waren kaum lösbar, die Küstenorte schwer erreichbar, die Finanzierung großer Projekte und Anlagen war aufwendig. Die kurzen Sommer, die wenigen Badegäste, selbst die 1893 erlassene Kurtaxe erbrachten kaum Einnahmen – Seebäder rentierten sich nur mit prominenten Gönnern und Geldgebern, die auch Gäste-Scharen herbeiführten. Andererseits fand mancher Badegast gerade an der Ostseeküste die „Idylle gleich nebenan".

Scharbeutz zum Beispiel, um 1830 schon von ersten Badefreunden besucht, 1851 als Seebad gegründet, war etwas für die Stillen, denen Travemünde zu umtriebig wurde. Auch in Sierksdorf suchten sich Hamburger in dieser Zeit ein versteckt gelegenes Refugium, Fischerfamilien stellten erste Badekarren auf. Zum beliebten Seebad wuchs sich Sierksdorf erst in den zwanziger Jahren unseres Jahrhunderts aus. Und auch Niendorf, das kleine Bauern- und Fischerdorf, war um 1850 eine „Antwort" und ein ruhiger Gegenpol zu Travemünde, hier ließen sich Lübecker nieder. Da gab es dann den Kätner Johannsen, der 1854 eine Sommerwirtschaft einrichtete, ein Jahr später zwei Badekarren am Strand aufstellen durfte und 1857 ein Logierhaus und eine Warmbadeanstalt dazubaute. Niendorf war nun ein Badeort im Verborgenen. Bekannt wurde es erst durch einen Großbrand 1870 und durch die verheerenden Schäden der großen Flut 1872. Reichsweit sorgten

Abb. 57. Timmendorferstrand im Jahre 1908 – ein erfolgreiches Bad mit stattlichen Hotels, Pensionen und Gasthöfen, die Strandallee war die begehrteste Baumeile (v. l. n. r. Villa Mary, Hotel Waldesruh, Villa Lorgie).

Spenden für den Wiederaufbau des zerstörten Ortes. Und als sich dann die Verkehrsverhältnisse verbessert hatten, bauten sich hier begeisterte Hamburger und Mecklenburger und andere ihre Sommervillen. Der Badeort blühte auf. 1891 bezeichnete die Kieler Zeitung Niendorf als den „bedeutendsten Badeort an der Ostsee . . . In Niendorf ist die Zahl der Badegäste groß, es hat darin bereits Travemünde überflügelt."

Eine „Abkehr" von Travemünde war auch Timmendorfer Strand. Ein Badeort, der aus dem Nichts entstand. Noch 1865 gab es nur die weitab von der Küste liegenden Bauerndörfer Groß- und Klein-Timmendorf und das einsam an einem kleinen Fußpfad zum Strand versteckte Sommerhaus des Pastors F. A. Gleiß aus Curau. Der Prediger, seine Familie, seine Freunde waren die ersten Badelustigen am Strand von Timmendorf. Zimmermann Rix baute 1868 in der Nähe ein Logierhaus, das er nach der Flut zum „Ostseebad Marienlust" vergrößerte. Es wurde ein vielbesuchter Ausflugspunkt. Schaulustige hatten nach der Sturmflutkatastrophe die Schönheit der Lübecker Bucht entdeckt und siedelten hier nun ihre Sommerhäuser an. Der

Abb. 58. Ankunft neuer Gäste in Timmendorferstrand 1915 mit dem Seebäderdienst Travemünde–Neustadt. Seit 1908 die weit ins Meer hineinragende Landungsbrücke gebaut war, entfiel für die Reisenden das mühselige Ausbooten.

große Erfolg kam nach 1907, als die Landungsbrücke entstand. Die Bilanz dieses Sommers waren 4000 Gäste und große Pläne für die Zukunft.

Das nach Travemünde älteste Bad an der Lübecker Bucht war allerdings Haffkrug. Schon 1813 zäunte dort der Dorfkröger Hermann Knoop ein Strandareal ein und stellte Badekarren auf für begüterte Gäste aus der nahen Residenzstadt Eutin. Die schwierigen Verkehrsverhältnise beließen Haffkrug dennoch lange im Abseits. Erst Jahrzehnte später wurden ein Logier- und ein Badehaus gebaut für die, die „zweifach zu baden wünschten und daher über Nacht blieben". Die von Haffkrug begeisterte Großherzogin von Oldenburg gab dem „Elisabeth-Bad" und dem „Prinzenhaus" ihre Protektion. Ende des Jahrhunderts wurde auf der Ostsee ein Seebäderdienst eingerichtet, die Sommerfrischen waren nun leichter erreichbar. Das gab immer ein buntes Bild, wenn die Familien mit Sack und Pack und Schließkörben an- und abreisten!

Viele Jahre später wurde Haffkrug durch einen Skandal bekannt. Die „Berliner Illustrirte Zeitung" vom 24. August 1919 erschien mit einem schockierenden Titelbild. Ebert und Noske, die beiden führenden SPD-Politiker jener Zeit, hatten sich in der Sommerfrische Haffkrug beim Baden ablichten lassen – nur in knappen Badehosen! In einer Zeit strenger Verhüllungsregeln! Die entblößte Brust des späteren Reichspräsidenten auf dem Titelblatt sorgte für Aufruhr!

In vielen Orten an der Ostseeküste hatten die Einheimischen schon lange ihre Badestellen, bevor die Fremden kamen. Hier und da entwickelte sich aus diesen Anfängen ein Logier- und Badewesen, aber bis ins neue Jahrhundert hinein nur mit bescheidenen Ergebnissen. 1813 registrierte Grömitz erste Strandgäste, seine Seebad-Geschichte begann aber erst 1836 mit dem Schuhmacher Kröger, der Badekarren aufstellte, Wannen für warme Bäder einrichtete, später auch Bootsfahrten anbot und mit dem „schönen reinen Seebad bei Grömitz" warb. Der Boom kam nach 1912, als die 480 m lange Anlegebrücke für Dampfer eingeweiht und damit die Anfahrt samt Ausbooten erleichtert wurde.

An der Neustädter Bucht gründete man 1827 eine „Neue Bade Interessenschaft" und stellte erste Badekarren an den Strand. Aber die Gäste blieben aus. Auch ein zweiter Versuch auf dem Vogelsberg am Strand verlief 1846 noch im Sand. Erst als 1906 ein Kapitän in Pelzerhaken sein Gasthaus „Eichenhain" eröffnete, begann auch Neustadts Zeit als See-Bad.

Dahme und Kellenhusen waren noch Fischerdörfer mit kleinen Wirtshäusern, als die Sturmflut von 1872 großen Schaden anrichtete. Der Wiederaufbau brachte interessierte Fremde in die verkehrsfern gelegenen Küstenorte. So begann für Dahme das Logier- und Badewesen wohl um 1880, in Kellenhusen entstanden erste Pensionen um 1890. In den Chroniken und Gästebüchern preist man noch lange die „ganz besondere Sommeridylle mit ihrer großen Beschaulichkeit". Bewohner von Heiligenhafen und Umgebung nutzten jahrzehntelang die Bademöglichkeiten am Ostende des Graswarders, auch von Badekarren aus. Aber erst 1895 beschloß die „Deutsche Badegesellschaft Heiligenhafen", den kleinen Flecken zum großen Reiseziel zu machen. Man baute Hotels, Badehäuser, ein Kurhaus, steckte viel Kapital in Anpflanzungen, Badestege und errichtete sogar eine Holzbrücke über den Warderdamm. Man warb – ganz modern – per Zeitungsannonce für den Bau von Sommervillen und für den Besuch des Seebads. Aber der Bahnan-

Abb. 59. Politischer Skandal um zwei Badegäste in Haffkrug: Am 24. August 1919 sah man auf dem Titel der „Berliner Illustrirten Zeitung" den Reichspräsidenten Ebert und den Reichswehrminister Noske halbnackt, in Militärbadehosen. Ein Schock. Monarchisten empörten sich mit Hilfe dieser Postkarten-Montage: Der letzte Kaiser und sein Generalfeldmarschall von Hindenburg vertreten korrekt uniformiert das Einst, das Jetzt entblößt sich ...

Einſt und jetzt!

Abb. 60. Ostseebad Dahme 1921 – ein reges Treiben herrscht am Strand, der übersät ist mit Burgen und Strandkörben. Aber die Urlauber sind immer noch sehr „zugeknöpft".

schluß fehlte – und damit die Reisenden. Erst neuere Zeiten brachten Heiligenhafen die erhofften zahlungskräftigen Massen.

Auch Fehmarn hatte sein Badeleben – aber die ersten Badehütten am Wulfener Hals bauten 1820 die Insulaner für sich, und auch die Seebadeanstalt auf dem Holzfloß am Südstrand war nicht für Gäste bestimmt. 1875 erst wurde die „Aktiengesellschaft Ostseebad Fehmarn" gegründet – samt Badefloß, Bademeister, Badearzt und strengen Baderegeln. Von Fremden-Verkehr konnte aber noch kaum die Rede sein, solange man nur mit großer Mühe von „Europa" über See nach Fehmarn kommen konnte ...

Ein eigentümliches Kapitel der Ostsee-Bädergeschichte schrieb ein kleines, zwischen Lütjenburg und Hohwacht gelegenes Dorf. 1841 wurde es in einer Topographie als „Seebad Haßberg" aufgeführt, samt Logierhaus und Badekutschen. Der Blick auf die Karte zeigt: Haßberg liegt am Großen Binnensee, 1,5 km vom Ostseestrand entfernt, im Schatten der Hohwachter Bucht. „Das Bad ist das kräftigste Ostseebad an der holsteinischen Küste, da hier fast beständig – infolge der gegenüberliegenden Einmündung des

Abb. 61. Grömitz 1939 – das „Bad der Sonnenseite“ auf Erfolgs-Spur. Bei KdF-Urlaubern zählt das fortschrittliche Ostseebad mit seinem großen Strand zu den beliebtesten Zielen.

Großen Belts – eine Strömung vorhanden ist“, so die wohl gut gemeinte Werbung! Aber bald verkauften die Hohwachter selbst Seewasser und Quartier ...

Kiel – Glanz und Gloria an der Förde

Auch die Kieler hatten frühe Pläne. 1803 machte kein Geringerer als der berühmte Baumeister Axel Bundsen (bekannt als Architekt des Herrenhauses Knoop, des Marientempels in Kiel, der Seebadeanstalt in Cuxhaven) Entwürfe für eine Seebadeanstalt. Das sanft abfallende Ufer unterhalb des Düsternbrooker Gehölzes schien wegen der lieblichen Lage und des feinen Sandes der allerbeste Platz zu sein. Auch der dänische Kronprinz und spätere König Friedrich VI., der 1805–1808 in Kiel residierte, ließ sich begeistern. Er sicherte der Aktionärsgesellschaft das alleinige Recht zu, „daselbst Badehäuser, Badekarren oder andere eigens zu Bädern eingerichtete Veranstaltungen zum öffentlichen Gebrauch anzulegen“. Er genehmigte ihnen auch Musik, Konzerte, Bälle und „andere anständige Belustigungen“. 1822 war es

Abb. 62. Haßberg – Lithographie von Wilhelm Heuer. „Dieses Ostseebad wird jetzt von sehr vielen Fremden besucht", heißt es 1868 in einem Reiseführer. „In der Nähe des Logierhauses ist ein Pavillon erbaut, den die Badegäste benutzen dürfen und aus dem man eine sehr schöne Aussicht hat."

so weit. Die von Axel Bundsen erbaute Seebadeanstalt wurde eröffnet. Mit Warmbadehaus und Logierhaus, mit Steg und Floß und Pavillon und Badekarren samt Wind- und Regenschutz. Die klassizistische Bauweise der Anlage zeigte den repräsentativen Stil der Zeit auf. Nach wechselvollem Auf und Ab wurde das Seebad nach 1867 vom Bellevue Hotel betrieben. Theodor Fontane schwärmte: „Sehr gutes Diner. Es ist so der Hauptvergnügungsort der Kieler und der Badegäste." Kiel war inzwischen ein vielbesuchter Badeort mit zwei weiteren Badegelegenheiten an der Innenförde. Ab 1881 fuhren die Kieler stolz per Schienenbahn und 1 PS zum Baden – ein Entzücken für Badegäste. Jules Verne kam an die Förde und schrieb: „Ohne Zweifel entwickelt sich dieses bevorzugte Stückchen Erde in nicht ferner Zeit zum Stelldichein der vornehmen deutschen Gesellschaft, zu einem Brighton Norddeutschlands, aber einem unendlich viel grüneren, schattigeren, waldesduftigeren Platz als jenes an der englischen Küste . . ." Privatsegler brachten dann ganz neue Impulse. 1882 fuhren sie mit „Lustsegelbooten" ihre erste Regatta auf der Förde. 1887 schlossen sie sich zu einem Club zu-

Abb. 63. Seebadeanstalt in Kiel – Zeichnung von Ludwig Hansen, um 1830. Axel Bundsen war der Architekt des großartigen Bauwerks, das bis 1865 vor dem sehr anmutigen Düsternbrooker Gehölz lag und dann Ausbauplänen des preußischen Staates weichen mußte.

sammen, der 1891 dann zum KYC, zum Kaiserlichen Yacht Club wurde. Die erste „Kieler Woche" wurde 1895 veranstaltet. Sportliche und gesellschaftliche Prominenz reiste nun allsommerlich an die Förde – Seine Majestät, der Kaiser, gab allem Glanz und Gloria und strebte, die Segelwoche nach dem Vorbild der britischen „Cowes Week" zum bedeutendsten Ereignis der Saison zu machen. Kiel erlebte große Sommer!

Rund um die Kieler Förde entstanden kleinere und größere Sommerfrischen, meist am Ostufer: Mönkeberg, das „Bad an der Sonnenseite", 1905 Altheikendorf mit munterem Strandleben und Friedrichshöh, dem schönsten • an der Förde. Auch Möltenort hatte eine Badeanstalt und Quartier: „Die Bewohner räumen bereitwillig ihre, wenn auch anspruchslosen Wohnungen und Küchen für mäßige Preise den Gästen ein. Auch ganze Wohnungen, wenn Dienstpersonal mitgebracht wird." Laboe wurde 1875 Seebad

Abb. 64. Möltenort 1929 – in den 20ern ein sehr beliebtes Badeziel der Kieler. Mit der Fähre war man schnell am Ostufer der Förde. Schon 1901 hatte der kleine Fischerort als „Sommerfrische und Ostseebad" geworben und erste Einrichtungen für Badegäste geschaffen. 1904 wurde die Seebadeanstalt gebaut.

und lockte mit reiner Luft, unverfälschter Natur und dem „beeindruckenden Anblick der Kaiserlichen Marine". Nach der Eröffnung des Kaiser-Wilhelm-Kanals hatten Seh-Leute an Laboes Strand viel zu tun. Man fuhr auch mit dem Dampfer bis an den Schönberger Strand, ab 1897 ging es mit der Eisenbahn bis Schönberg, ab 1914 tuckerte die Kleinbahn bis zur Küste.

Zu den ersten Seebad-Gründungen an der Ostseeküste gehörte auch Borby, kleiner Nachbarort Eckernfördes. 1830 nahm man mit Badehaus und Badeflößen den Badebetrieb auf – unterstützt durch den Landgrafen von Hessen und seine Familie. Regelmäßig verweilten sie hier. Das 1834 erbaute Hotel und Badehaus durfte den Namen der Herzogin tragen – im „Marie-Louisen-Bad" gab sich während der „Kieler Woche" sogar der Kaiser die Ehre. Erst als nach dem Krieg Strandleben mehr Bedeutung gewann, verlor Borby seine Badegäste an das benachbarte Seebad Eckernförde mit seinem breiten Strand.

Abb. 65. In Borby begann Eckernfördes Fremdenverkehr – das Marie-Louisen-Bad war, obwohl nach der Königin von Dänemark benannt, lange ein bescheidenes, aber beliebtes Ziel. Doch die Sturmflut von 1872 und Veränderungen der Wasserströmung brachten Borby Probleme. Der Fremdenverkehr verlagerte sich ganz nach Eckernförde.

Glücksburg – Bad der Nordischen Riviera

„Unter allen Badeorten, nicht nur der Flensburger Föhrde, sondern der ganzen schleswig-holsteinischen Ostseeküste ist Glücksburg die Perle!“ Wer wollte dem, als solches 1895 geschrieben ward, widersprechen. Lag doch kaiserlicher Glanz über dem Seebad im Norden! Es galt als einer der „beliebtesten und fashionabelsten Kurorte“ im Norden! Der Tag, als 1890 der Kaiser kam, scheint in aller Erinnerung gegenwärtig – vom Jubelempfang bis zum 10gängigen Menü, an dem sich 200 Gäste delektieren durften. Dennoch: Glücksburgs Geschichte als Ostseebad begann viel glanzloser und weit vor der Kaiserzeit. Eine „Sommerwirtschaft an Glücksburgs Fördestrand“ annoncierte 1809 der Quellenthaler M. J. Saggau. Schnell wurde es zum beliebten sonntäglichen Ausflugsziel für Flensburger und Glücksburger, denn der einfallsreiche Wirt bot beste Kost und vielerlei Unterhaltung, im Sommer 1830 sogar ein Feuerwerk für die Gäste „präcise vor Abgang des Dampfschiffes". Im Juni 1839 stellte er „eine Badekarre von mir hieselbst auf das vollständigste und bequemste eingerichtet" auf. Anfänge eines Glücksburger Seebades. Politische Wirren bremsten den Quellenthaler Sommerwirt. Erst drei Jahrzehnte später baute ein Tischler für die Sandwiger Bucht ein bescheidenes Strandhaus und Badehäuschen. Offiziell ging es aber erst 1872 los: „Einem hochzuverehrenden Publicum die ergebene Anzeige, daß ich das neue Bade-Etablissement bei Glücksburg, in der schönsten und romantischsten Gegend am Flensburger Meerbusen gelegen, elegant eingerichtet mit großem Concert- und Tanzsalon für 500 Personen im Freien, übernehmen werde." Siegmund Satz hieß der gastronomisch und unternehmerisch erfahrene Pächter. Das neue Bad stand unter der Protektion des Herzogs Karl zu Glücksburg, er war Garant für hochherrschaftliche Gäste und für fürstliches Flair. Im ersten Jahr kamen 400 Badegäste und wahre Völkerwanderungen als Tagesausflügler. In der Sandwiger Bucht herrschte von Anbeginn ein frohes Treiben. Man fuhr von Flensburg mit dem „Lustdampfer" über die Förde, ab 1885 auch mit der Kleinbahn. Das Seebad Glücksburg baute aus, investierte, intensivierte sein Programm. Das Flensburger Tivoli-Theater gastierte im Strandhotel, Militärkapellen spielten, Flottenmanöver wurden abgehalten und allerlei Lustbarkeiten, der Badebetrieb modernisiert. Hotels, Pensionen, Villen im repräsentativen Stil der Gründerzeit sorgten für eine unvergleichliche Atmosphäre. Auch die Besucher. 1906 fanden sich in den Gästelisten der Badezeitung 40 Dänen, 26 Russen, 20 Norweger und Schweden, 18 Österreicher, 8 Ungarn, 45 Besucher aus England, Frankreich, Übersee und deutsche Badegäste. Die Segel-Prominenz kreuzte auf – Glücksburg war längst die erste Adresse für die „First Class", viele logierten hier den Sommer über samt Kind und Kegel und Personal. Und dann kam das Kaiserpaar. 1890 ging die Staatsjacht in der Sandwiger Bucht vor Anker, tout le monde war auf den Beinen. Der Besuch verklärte sich zum Jahrhundert-Ereignis. Kaiser Wilhelm II. und Kaiserin Auguste Viktoria kamen in späteren Jahren wieder – Glücksburgs Seebad und seine Gäste genossen das höfische Treiben. Erst die schwieriger werdenden Zeiten bescherten wirtschaftliche Sorgen. Dann zerstörte ein großes Feuer auch noch das Strandhotel! Ein neuer „Verein zur Hebung des Ostseebades" mußte her und ein gewaltiges neues Kurhotel, um die Zukunft des Seebads an der „Nordischen Riviera" zu sichern.

Nach Not und Umbruch: Tourismus für alle

Kieler Woche 1914, 28. Juni – Kaiser Wilhelm II. mit seiner Meteor V. auf Siegeskurs auf der Regattabahn. Da macht eine silberne Zigarettendose Ge-

Abb. 66. Schon 1896 hatte Glücksburg, vom Meer aus gesehen, ein weitläufiges Panorama. 1872 war das erste Kurhaus erbaut worden – große Hotelbauten an den malerischsten Plätzen der Bucht folgten. Viel höfischer Besuch prägte Atmosphäre und Stil des Ostseebades.

schichte, die Seiner Majestät vor die Füße fällt – vom kaiserlichen Adjutanten an Bord geworfen. In der Dose die Nachricht von der Ermordung des österreichischen Thronfolgerpaares in Sarajevo! Der Kaiser läßt die Regatta abbrechen. Ein Chronist: „An diesem Nachmittag erlöschen Sport und Vergnügen, und das wilhelminische Reich schickt sich an zu versinken."

Der Erste Weltkrieg brachte auch den Seebädern an Nord- und Ostsee wirtschaftliche Not. Vor allem die Inflationsjahre machten Reisen zu einem Luxus der wenigen Begüterten. 1923 wurde man nicht einmal im mondänen Westerland, in dem ausländische Währungen als übliche Zahlungsmittel galten, Herr der galoppierenden Nullen. Anfang Juli kostete ein Mittagessen 45 000 Mark, vier Wochen später das Zehnfache. Die „Wirtschaftliche Vereinigung der Insel Sylt" setzte für die Zimmer- und Pensionspreise einen Multiplikator fest – Mitte Juli waren es 15 000, Anfang September 4 Millionen! Kein Wunder, daß schließlich eine gewisse Naturalienwirtschaft eingeführt wurde – Dienstleistungen errechnete man nach Butterpfunden und Getreidescheffeln ... Erst die Rentenmark sorgte für eine relative Sicherheit. Die „Goldenen Zwanziger" Jahre mit ihrer Prominenz hielten auf Sylt Ein-

Dieses auf das comfortableste eingerichtete Hotel umfasst ausser Wirthschafts - Localitäten u. einem geräumigen Speisesaal
80 hohe, luftige Logierzimmer
m. prachtvoller Aussicht auf See und Wald.
Hotel „Fernsicht“
16 Zimmer.
Warme Seebäder im Hotel.
Höchst. Aussichtspunkt am Strande.
Equipagen zur Verfügung.
Durchgehende Billets für Bahn und Dampfschiffe.
Hôtel & Pavillon Bellevue
Glücksburg
Ostseebad.
und Hotel Fernsicht.
Telephon - Anschluss nach Flensburg - Kiel - Hamburg.
M. Hinrichsen.
Pensionspreis: 32 Mk. pro Woche.
Für Kinder je nach Alter.
Für Dienerschaft 20 Mk.
Balkon-Zimmer 21 Mk., ohne Balkon 10 bis 18 Mk. pro Woche.
Für 1 Bett mehr 4 Mk.
Für die Monate Mai u. Juni ermässigte Zimmerpreise.
Table d'hôte
Mittags 1½ Uhr.
Restauration à la carte zu jeder Tageszeit.

zug, von Marlene Dietrich und Lotte Lehmann bis zu Richard Tauber, Max Schmeling und Hans Albers. Ein illustrer Kreis tummelte sich im Schatten der Großen, gab sich den Strand- und Badefreuden hin, genoß ungetrübte Unterhaltungsfreuden und leistete sich gesellschaftlichen Chic. „Man" lebte, so man konnte, in Tag und Nacht hinein und spielte um das große Glück.

Die meisten Ferienreisenden jener Zeit allerdings erlebten das kleinere Glück im Sommerfrische-Stil. Denn die schlechte Wirtschaftsentwicklung des Reiches machte sich auch an Nord- und Ostsee massiv bemerkbar. Die Gästezahlen und der Umsatz im Fremdenverkehr schrumpften allerorten, wirtschaftliche Not brachte am Ende der Weimarer Republik viele Seebäder an den Rand des Ruins und bereitete den Boden für die kommende politische Entwicklung. Dabei hatte es schon lange Versuche gegeben, zum Wohle aller einen „Volkstourismus" aufzubauen. Denn ein Gedanke hatte den Krieg überlebt: die Urlaubsfreuden sollten gerechter verteilt werden. Sie sollten kein Privileg der Oberschicht bleiben. Schon 1895 hatten sich „Die Naturfreunde" zusammengefunden, ein proletarisch-sozialistischer Touristenverein, der Arbeitern und ihren Familien Reisemöglichkeiten verschaffen wollte. Mit Gruppen-Wanderungen Gleichgesinnter und dem Sonntagsausflug samt Kinderschar fing es an, auch in der Weimarer Republik erkannte man das sozialpolitische Problem. Aber mit dem „Urlaub für alle" klappte es noch nicht, neue tarifliche Urlaubsregelungen setzten sich nur schwer durch.

Das schafften erst ganz andere Kräfte mit neuem Gedankengut und einseitigen Zielen, die in das Bild der Ferienfreuden politische Fahnen und Uniformen einmischten: 1933 wurde die Reise- und Massenorganisation „Kraft durch Freude = KdF" angeordnet mit dem Amt „Reisen, Wandern, Urlaub = RWU". Reisen sei nicht mehr „eine Angelegenheit einer bevorzugten Klasse, sondern auch dem wirtschaftlich schwachen Volksgenossen ist heute die Möglichkeit gegeben, den Urlaub in einer Form zu verbringen, die ihm das Bewußtsein gibt, kein Knecht mehr der Gesellschaft zu sein, sondern gleichwertiges Mitglied einer großen Volksgemeinschaft." So die Propaganda. Erstmals erhielt der Arbeiter 6–12 Tage bezahlten Urlaub im Jahr und als „Geschenk des Führers" mehrtägige Urlaubsreisen. Massenreisen mit gezielter „Betreuung" und Einflußnahme. Reglementierte Freizeit. 1934 wur-

Abb. 67 und Abb. 68. Die Verpflegung war ein wichtiges Thema für alle Reisenden. Die einen brachten ihre Dienerschaft mit und ließen sich bekochen. Andere mußten ganz bescheiden selbst zu Topf und Pfanne greifen in der Küche der Vermieter. Die meisten aber nahmen teil an der Table d'hôte, dem öffentlich inszenierten Essen im Speise- und Konversationshaus. Das strenge Reglement war nicht jedermanns Freude. In manchen Häusern gab es auch eine à-la-carte-Restauration.

Abb. 69. Die moderne Technik machte Tempo, aus dem Häusermeer der Städte eilten die Urlauber 1936 per Doppeldeckerzug an die See.

Abb. 70. Und es ging noch schneller – von 1928 stammt das Werbeplakat der „Deutschen Lufthansa". Nun eilte man per Flug in die Bäder.

den die ersten 2 Millionen Reisen verkauft, bis 1939 waren es insgesamt 43 Millionen. KdF-Schiffe wurden gechartert, KdF-Badehotels und -Gasthäuser eingerichtet, KdF-Gesellschafts- und Pauschalreisen organisiert. Nicht alle Seebäder, nicht alle Badegäste tolerierten den Bruch der etablierten Reiseformen. Scharfe Gegensätze entstanden. Aber bevor raumgreifende Pläne realisiert und küstaufküstab überdimensionale KdF-Bäder aus dem Boden gestampft werden konnten, überrollte der Zweite Weltkrieg das Land.

Als in den 50er Jahren ein neuer Tourismus begann, galt die „Urlaubsreise für jedermann" als Status quo, der gesellschaftliche Fortschritt der 30er Jahre als Mindestforderung. Hans Magnus Enzenberger brachte es auf den Punkt: „Das Verlangen, aus dem sich der Tourismus speist, ist das nach dem Glück der Freiheit." Die Massen forderten jetzt diese Freiheiten. Erste Pfade zur Kommerzialisierung eines Tourismus hatten allerdings schon andere sehr früh beschritten: Der geniale Brite Thomas Cook, der 1841 sein erstes Reisebüro eröffnete. In Berlin gefolgt von Karl Riesel, damals schon Experte für Nordkap- und Orient-Reisen, und von Louis Stangen, der bereits 1863 ein Hotelcoupon- und Billet-System entwickelte. Dann war da der qualitätssüchtige César Ritz, der in den 1880ern die luxuriöseste Hotelkette der Welt aufbaute. Auch der 1831 in New York geborene George Pullmann gehörte zu den Pionieren. Er ließ Reisen zum Vergnügen werden in den komfortabelsten Eisenbahncoupés aller Zeiten. Und schließlich muß auch Karl Baedeker genannt werden, der nach dem Vorbild der 1836 erschienenen „Murrays Red Books" ab 1839 seine roten Reiseführer verbreitete, die die weite Welt erfahrbar machten. Diese Männer waren die ersten Wegbereiter für einen Tourismus der Massen – der anfangs allerdings noch exklusiv und teuer war. Der Anfang zur „touristischen Explosion", wie es der Freizeitforscher Jost Krippendorf formulierte, war gemacht, es war der eigentliche Beginn des in jeder Beziehung grenzenlosen Tourismus unserer Tage.

So mancher, der einst am noch einsamen Strand mit Badekarren ein erstes Kapitel Seebad-Geschichte in den Sand schrieb, hat es möglicherweise so erhofft – die Heiligenhafener zum Beispiel warben 1895: „Der Strand ist von ungeheurer Ausdehnung und bietet Raum für Tausende von Badegästen." Viele, die dann mit vielen zusammen reisten, beklagten hingegen die Massen – wie Karl Immermann, der 1840 vom „massenhaften und epidemischen" Auftreten der Touristen sprach, wie Theodor Fontane – „Zu den Eigenthümlichkeiten unserer Zeit gehört das Massenreisen . . ." – wie Ernst Rudorff, der geistige Vater der Heimatbewegung: „. . . Sind wir poetischer, idealer geworden, seit das Reisen en masse in Mode gekommen ist? . . . Die

Abb. 71. Die Politik machte nicht halt vor der Freizeit. Alles wurde politisiert und reglementiert. Auch der Wattenlauf. KdF war das Schlüsselwort, Kraft durch Freude. Im Gleichschritt marschierte man 1938 ins Watt.

Abb. 72. Dahme – das Bad der Ferien vom Ich. Ein Reiseführer: „Wozu kommen die Gäste an die See? Sie wollen einmal ausspannen vom Alltag, von der ruhelosen Enge der Großstadt. Sie wollen sich erholen und erfrischen an Seele und Geist. Denn sie sind krank von Enge und drängender Eile und wollen aufatmen . . ." Die Werbung von 1935 täuscht. Damals war man nie allein. Auch nicht in den „Ferien vom Ich".

Bunt, voller Lust und Frohsinn ist das Leben am Strand. Burg reiht sich an Burg, Lachen fliegt hinüber und herüber. Tausend bunte Wimpel und Fähnchen flattern im Wind. Die See aber gehört den Badelustigen, deren Jauchzen und Schreien sich mischt mit den brausenden Wellen.

Möchtest Du nicht mit dabei sein?

Auch Deutschlands stolze Reichsmarine besucht unser Bad und gibt Dir Gelegenheit zu Bordbesichtigungen.

4

Abb. 73. Die KdF-Reisen waren nicht so unbeschwert, wie es schien. Der „Völkische Beobachter" 1937: „Hier bringt jede Urlaubsfahrt eine Erfrischung des Körpers und eine Bereicherung des Geistes, enge Verbindung mit der Natur und der Geschichte, Einblick in Stammeseigenart und Volkstum des Deutschen. Hier spendet der Boden die Kräfte, die wir zur Arbeit für das deutsche Volk auf unserem Posten brauchen." Auch „Deutschlands stolze Reichsmarine besucht unser Bad" und wirbt für sich ...

Abb. 74. Schon in den 20er Jahren war Grömitz ein Bad für viele. Wer die Menschenmengen suchte und auch im Urlaub brauchte, der war hier bestens aufgehoben. Massentourismus nahm seinen Lauf.

Majorität aus allen Schichten der Gesellschaft ist trivial ... Bei den meisten handelt es sich nur um eine Kneiperei in veränderter Form ..."

Jedoch wäre in der Geschichte der Seebäder längst das letzte Kapitel geschrieben, wenn nicht immer das Gute gesiegt hätte. Leute wie die Doberaner haben mit ihrem frühen Urteil über alle Zeiten hinweg Recht behalten: „Nicht immer wird es in unserer bitterernsten Zeit möglich sein, sorgenfrei hierherzukommen, aber auch dem ärgsten Hypochonder muß und wird es hier gelingen, in ganz kurzer Zeit alle Sorgenlast abzuschütteln und zu vergessen. Wie an einer Perlenschnur angereiht, vereinigen sich Vorzüge auserlesener Art zu einem Zauberstab, um die Sorgen und Wirren der großen Welt vergessen zu machen ..."

ÜBERSICHT: GRÜNDUNG DER SEEBÄDER

Nordsee

Ostsee

1793 **Bad Doberan**
Gründung des Seebades durch Friedrich Franz, Herzog zu Mecklenburg.
Initiator war der Mediziner Samuel Gottlieb Vogel. Ab 1794 existierten Kurbetrieb und Badedirektion im nahen **Heiligen Damm**.

1797 **Norderney**
Landphysikus Dr. v. Halem errichtet erste Badeanlagen.
Schon 1783 hatte Pastor Janus von **Juist** bei seinem König Friedrich d. Gr. die Gründung eines ostfriesischen Seebads beantragt.

1802 **Travemünde**
Die erste Saison wurde von der 1801 gegründeten Badedirektion eröffnet; schon Jahre zuvor hatte es Tagesgäste und erste Versuche einer Seebadgründung gegeben.

1803 **Boltenhagen**
An der östlichen Ostsee entstanden im 19. Jahrhundert nach und nach eine ganze Reihe von Seebädern, viele waren schon lange zuvor als Ausflugsorte beliebt: nach 1805 wurde **Warnemünde** von Rostock aus besucht, Badeeinrichtungen folgten um 1821, um 1850 wurden **Ahlbeck** und **Zinnowitz** gegründet, 1870 **Binz** und **Heringsdorf**, ab 1880 entdeckten Künstler **Ahrenshoop**, in dieser Zeit besuchten erste Gäste auch **Hiddensee**, 1881 folgten **Zingst** und **Wustrow**, 1890 **Bansin**. Viele weitere Küstenorte wurden zu Seebädern.

Nordsee

1804 **Wangerooge**
Auf den ostfriesischen Inseln entstanden nach Norderney viele Ausflugs- und Badeorte, die durch Badeeinrichtungen zu Seebädern wurden: 1816 Gründung des Seebads **Cuxhaven**, ab 1830 hatte **Borkum** Badegäste, nach 1830 auch **Langeoog**, 1846 wurde **Spiekeroog** Seebad, erste Gäste gab es da schon 1809, 1876 folgte **Baltrum**.

1819 **Wyk auf Föhr**
Der Land- und Gerichtsvogt v. Colditz und einige Aktionäre gründeten 1819 das Insel-Seebad, frühere Anfänge hatten keinen Erfolg.

1826 **Helgoland**
Die Errichtung einer Seebadeanstalt auf der Düne durch Jacob Andresen Siemens gilt als Gründungsdatum. Badegäste besuchten die Insel aber schon Jahrzehnte zuvor.

Ostsee

1813 **Haffkrug**
Über erste Badekarren und ein abgezäuntes Strandareal für Badegäste berichtete man schon 1813, die Gründung des Seebads folgte um 1830.

1822 **Kiel**
Durch die Eröffnung des Seebades am Düsternbrooker Ufer wurde Kiel 1822 zum Ostseebad.

1830 **Borby**
Der Pastor und zwei Eckernförder begründeten das Seebad an der Eckernförder Bucht, das erst nach dem Ersten Weltkrieg seine Gäste an das inzwischen etablierte Strandbad **Eckernförde** verlor.

Nordsee

1837 **Büsum**
Nach zwei mißglückten Versuchen gründeten 1837 drei Büsumer das Seebad Büsum; ein Hotel und Sommergäste hatte es schon länger gegeben.

Ostsee

1851 **Scharbeutz**
Die Konzession für das Seebad Scharbeutz wurde 1851 erteilt, erste Badegäste hatten Jahrzehnte zuvor den Küstenort entdeckt. In den 50er und 60er Jahren folgten viele Seebadgründungen an der Ostsee: **Niendorf, Dahme, Sierksdorf, Timmendorfer Strand** und andere. Nach den Zerstörungen durch die große Sturmflut von 1872 wurden viele Bäder ausgebaut: **Timmendorfer Strand, Heiligenhafen, Burgtiefe auf Fehmarn**, später auch **Dahme** und **Kellenhusen** und **Laboe** und andere Bäder an der Kieler Förde.

Nordsee

1855 **Westerland auf Sylt**
Landvogt v. Levetzau stellte Badekarren und Badezelte auf und gründete das erste Sylter Seebad, Aktionäre sorgten ab 1856 für umfangreiche Einrichtungen. 1859 wurde das Seebad **Wenningstedt** gegründet, erst 1894 folgte **Kampen** offiziell. Die Badegäste aber hatten die Insel längst erobert.

Ostsee

1872 **Glücksburg**
Eine Aktiengesellschaft gründete 1872 das neue Ostseebad Glücksburg – Sommerfrischen-Anfänge hatte es aber schon zu Beginn des Jahrhunderts gegeben.

Nordsee	Ostsee
1877 **St. Peter-Ording** Erste Seebadeinrichtungen gab es schon 1837 durch den Lehnsmann Peter Stöhrmann und später durch andere. Erst 1877 gelang die Seebad-Gründung.	
1890 **Wittdün** und **Norddorf** Auf Amrum gelang erst Volkert Quedens mit seiner Hotelanlage „Wittdün" die Gründung eines neuen Seebads, 1890 erhielt er die Konzession. Pastor von Bodelschwingh wurde sie im selben Jahr für seine Hospiz-Pläne in Norddorf erteilt.	

Abbildungsnachweis

Altonaer Museum in Hamburg – Norddeutsches Landesmuseum: 19, 26, 31, 32, 35, 59. – Archiv der Kurverwaltung Büsum: 38, Umschlag. – Bildarchiv Preußischer Kulturbersitz, Berlin: 50. – Eidgenössische Technische Hochschule Zürich, Thomas-Mann-Archiv: 2. – Mecklenburgisches Landeshauptarchiv, Schwerin (Aufnahme: Egon Fischer, Stäbelow): 1. – Museum für Kunst und Gewerbe, Hamburg: 69. – Stadt- und Bädermuseum „Möckel-Haus", Bad Doberan: 4. – Privatbesitz: 58, 60, 64 (Hans Joachim Kürtz, Möltenort); 54, 55 Georg Quedens, (Norddorf/Amrum); 12, 40 (Dieter Risse, Wyk a. F.); 9, 53 (Thomas Thode, Düsseldorf); 13. – Uwe Zacchi: Viele Grüße von Föhr, Schleswig 1977: 17. – Etta Benge/Wilfried Wördemann: Badeleben. Zur Geschichte der Seebäder in Friesland. Oldenburg 1992: 70. – Schleswig-Holsteinische Landesbibliothek, Kiel: alle übrigen, einschließlich der Vorsatzblätter; davon aus: Nordsee-Album, Halberstadt (1909): 33 41, 47, 51, sowie aus Alben des Photographen Wilhelm Dreesen: An der Nord- und Ostsee, Flensburg 1891: 29; Die Nordsee-Insel Sylt, Flensburg 1894: 44, 45; Helgoland, Amrum, Föhr und die Halligen. Flensburg 1895: 11, 15, 23–25; Von Flensburg bis Alsen, Flensburg 1895: 66; Aus Schleswig-Holstein, Flensburg u. München (vor 1901): 30.

Föhringerin
Nordseebad
WYK auf der Insel FÖHR

Die Nordseebäder auf Amrum
Wittdün und Satteldün
Kurhaus
Herausgegeben von der Direction

SAISON

Führer
durch das Nordseebad
Sanct-Peter-
Ording
E.A. Christiens' Verlag, Hamburg

10 Pf.
OSTSEEBAD
GRÖMITZ
IN HOLSTEIN
DAS FAMILIENBAD
DER SONNENSEITE

KÖNIGIN DER
Getrennte und gem
Herren- und Dame
COMMISSIONSVERLAG:
AMTHOR'SCHE VERLAGSBUCHHANDLUNG
1903